KB065815

NFT 미술과 아트테크

NFT 미술과 아트테크

지은이 이규원
펴낸이 이규호
펴낸곳 북스토리지

초판 1쇄 인쇄 2022년 1월 5일
초판 1쇄 발행 2022년 1월 15일

출판신고 제2021-000024호
10874 경기도 파주시 청석로 256 교하일번가빌딩 605호

E-mail b-storage@naver.com
Blog blog.naver.com/b-storage

ISBN 979-11-975178-5-3 03320

메타버스 세상의 첫 번째 도전

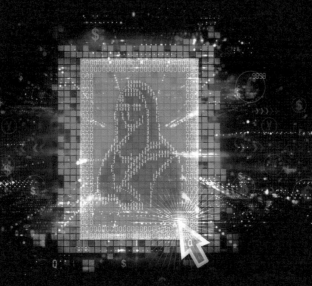

NFT 미술과
아트테크

이규원 지음

Prologue

2020년 초, 코로나19가 전 세계를 위험에 빠뜨리기 시작했고, 팬데믹은 여전히 현재진행형이다. 소상공인들은 경제적으로 삶이 어려워졌고, 학생들은 학교도 제대로 가지 못했다. 특히 20, 21학번 대학생들은 이 글을 쓰고 있는 지금까지도, 그동안은 당연하게 생각했던 캠퍼스 대학 생활을 경험하지 못하고 있다.

또한 해외여행은 꿈도 꾸지 못하고, 그간 우리들의 일상이었던 친구들을 만나 맥주 한잔을 하면서 이런저런 이야기를 나누는 것조차 힘든 시대가 되어버렸다.

2021년 11월부터 위드 코로나가 되었지만, 코로나19 확진자가 3,000명을 넘고 있기에 앞으로 어떻게 변할지 알 수 없는 상황이 되었다.

그러자 소상공인들은 대안을 찾기 시작했고, 발 빠르게 배달 전문으로 업종을 바꾼 경우도 있다. 당연히 배달도 비대면으로 진행되고 있다. 또한, IT 기업들은 이런 상황을 활용하여 사상 최대 실적을 올리고 있는 중이고, ZOOM을 이용한 화상 수업, 화상 회의는 어느덧 보편적인 소통 방식이 되어버렸다.

일부 전문가는 코로나19 국면이 오기 전부터 미래는 이렇게 될 것이라고 예언했었지만, 그 시기가 이 정도로 빨리 올 줄은 예상하지 못했다고 한다.

이런 상황에서 각국의 정부들도 가만히 있지 않았다. 미국은 사상 최대로 달러를 찍어 경기 부양 정책을 실시했고, 유럽뿐 아니라 우리나라도 재난 지원금 등의 자금을 뿌리고 있는 실정이다. 정부는 분명히 엄청난 액수의 지원 정책을 실시한다고 하지만, 사람들이 그것만으로 고통을 감당하기란 쉽지 않다.

음지가 있으면 양지가 있는 법. 미국 월가에서는 엄청난 호황이란 뉴스를 볼 수 있었고, 2020년에는 우리나라 주가가 큰 폭으로 올랐다. 심지어 '주식을 하지 않으면 바보'란 소리를 들을 정도로 주식 열풍이 일었다.

또한 조금 더 젊은 세대들은 비트코인, 이더리움 등의 암호화폐를 거래했고, 2021년 상반기 비트코인, 이더리움 등은 2017년 말, 암호화폐 열풍이었던 그때보다도 대략 3, 4배가 올랐다.

그리고 미술 시장에 그 돈이 들어오기 시작했다.

2020년에는 코로나19로 아트페어, 전시회 등이 줄줄이 취소가 됐지만, 2021년에는 아트 부산을 시작으로 크고 작은 아트페어가 열렸고, 10월에는 키아프 서울 KIAF SEOUL에서 사상 최대 판매 실적을 올렸다는 기사들을 쉽게 볼 수 있게 되었다.

그 이유가 단순히 코로나19 여파로 인한 반대급부로 돈이 몰린 것이라고 할 수도 있으나, 미술 작품은 주식과 암호화폐처럼 거래가 쉬운 것도 아니고, 변동성이 심해서 단기간에 이익을 볼 수 있는 투자 대상으로는 보기 힘들다.

그럼에도 불구하고 왜 하필이면 이 시기에 미술 시장에 돈이 몰렸을까?

이런 상황을 차치하고라도 IT 기술의 예상치 못했던 각 분야에서의 비약적 수요, 암호화폐와 블록체인 기술의 발전, 그리고 미술 시장의 트렌드 변화, 전문가들에 의해 예상은 됐지만 그 시기가 앞당겨진 메타버스...... 어쩌면 이 모든 것의 영향으로 2021년 초부터 NFT 소식이 여기저기서 들리기 시작했다.

우선, 미술사에 커다란 이름을 남기고 있는 동시에 현존하는 레전드라 볼 수 있는 제프 쿤스, 데이비드 호크니에 이어 무명의 비플 Beeple이란 닉네임을 사용하는 작가의 작품이 생존하고 있는 미술 작가의 작품 중 세 번째로 비싼 가격에 팔렸다는 소식이 들렸다.

또한 인젝티브 프로토콜이란 블록체인 회사에서 뱅크시의 'Morons'이란 판화 작품을 NFT화한 후에, 불태우는 퍼포먼스 기사는 미술에 조금이라도 관심이 있는 사람이라면 어디선가 한 번쯤은 봤을 것이다.

그리고 테슬라의 일론 머스크의 여자 친구로 알려진 가수 그라임스가 기획한 디지털 작품이 수십억 원에 팔렸다는 것 역시 유명한 일화이다. 그런데, 이 모든 일들이 2021년 1분기에 있었던 일이다.

이런 소식이 알려진 후, 전 세계 미술 작가들뿐 아니라, 한국에서 활동하고 있는 발 빠른 미술 작가들은 슈퍼레어, 오픈씨 등등 NFT 거래 플랫폼으로 유명한 그곳에 자신의 작품을 올리기 시작했다. 그리고 IT 기업뿐 아니라 대기업들도 NFT 거래 플랫폼을 만들고 있다는 소문이 들려왔다.

이런 상황과 맞물려 클럽하우스란 앱이 그 시기에 유행하였는데, 거기서 오고가는 주된 이야깃거리는 IT, 돈, NFT 등 현재 세상에서 한 발 앞서 나간 것들이었다.

그곳은 한때 NFT에 관한 정보의 장이었다. 이후 클럽하우스가 대중에게 널리 알려지면서부터 그 주제 역시 확장되었지만, 지금도 여전히 우리의 관심사 안에 있다. 그리고 거기에 기존의 미술 경매 회사(예를 들어, 크리스티, 소더비, 국내에서는 서울 옥션, 케이 옥션 등)들도 참여해서 협업 중이라고 한다.

지금까지의 상황을 보면, 아직은 NFT를 시장의 개념 또는 투자의 대상으로만 접근하고 있다. 하지만 나는 NFT가 단순히 시장의 순기능만으로 의미가 있다고 생각하지는 않는다.

물론, 우리들의 최종 목적과 관심이 돈이라는 것은 공공연한 비밀(?)이기에 이렇게 관심을 많이 받고, 그것이 무한대로 확장하고 있는 것 또한 사실이다. 그러나 나는 이것에 대해 무조건적인 비판 의식을 가지고 있지는 않다.

이것은 미술의 발전사일 뿐 아니라, 담백하게 현실의 '팩트'이기에 인정을 해야 한다는 입장에 더 가깝다.

하지만 NFT는 미술사적으로도 의미가 있다. 그리고 더 나아가 '순수' 미술이라 해석되는 "Fine Art"에서 어쩌면 가장 큰 패러다임의 변화를 가져올 수 있다고 생각한다.

100여 년 전, 뒤샹의 샘이 미술사 내적으로 혁명을 일으켰다면, NFT는 미술사 외적으로 커다란 변화일 뿐만 아니라 우리가 기존에 알고 있는 '순수 미술'의 개념을 바꿀 수 있는 '어떤 것'이 될 수도 있다는 생각이 든다.

Contents

NFT
ART

Chapter .1

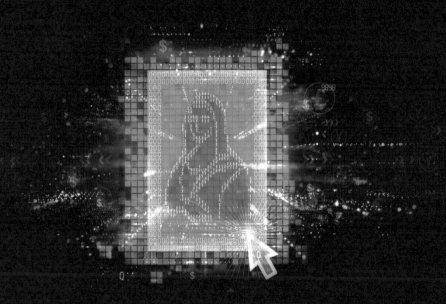

NFT 미술

뱅크시의 2006년 작품
'Morons(바보들, 멍청이들)'가
불타버렸다. 블록체인 기업 인젝티브
프로토콜(Injective Protocol)은
2021년 3월 4일, 이 작품을 불태우는
6분가량의 영상을 보여주었다.
영상 속 인물은 마스크를 쓰고 대략
1분 30초간 뱅크시의 이 판화 작품이
지닌 가치를 설명한 후, 라이터를
사용하여 그림을 태워버렸다.

(https://www.youtube.com/watch?v=C4wm-p_VFh0
여기서 이 퍼포먼스를 지금도 직접 볼 수 있다.

'Morons 바보들'는 뱅크시가 2006년 빈센트 반 고흐의 '해바라기' 작품의 경매를 풍자한 것으로, 경매로 나온 작품 액자 안에는 '당신이 이 쓰레기를 진짜로 산다는 것을 믿을 수 없다. (I can't believe you morons actually buy this shit.)'라는 문구가 쓰여 있다. 이 작품은 뉴욕에 있는 타글리아라테라 갤러리가 9만 5천 달러_{대략 1억 7백만 원}에 인젝티브 프로토콜에서 구매하였으며, 현재 가치는 그보다 더 높을 것으로 추정된다.

물론 이 블록체인 회사가 아무런 목적 없이 뱅크시의 작품 'Morons'를 불태운 것은 아니다. 이들은 해당 작품을 NFT 작품화한 후에 이를 경매에 부쳤다. 인젝티브 프로토콜이 'Morons'

를 불태운 이유에 관하여 "NFT와 실물이 둘 다 존재한다면 작품의 가치는 실물에 종속된다. 실물을 없애면 NFT가 대체 불가능한 진품이 되고, 작품의 가치는 NFT로 옮겨온다."라고 설명했다.

'Morons'는 NFT 거래 플랫폼인 오픈씨opensea.io에서 228.69 ETH이더리움, 한화로 약 4억3천만 원에 낙찰되는 '대 사건'이 벌어졌다.[1]

이 소식은 순식간에 해외 토픽이 되어 전 세계로 퍼져나갔으며, 각종 SNS와 인터넷 커뮤니티에 핫이슈로 도배가 되었다. 물론, 우리나라에서도 예외는 아니었다.[1]

인젝티브 프로토콜의 6분가량의 퍼포먼스는 현 시점2021년 11월 기준으로 NFT 열풍의 시발점이 되었다. 또한 이 퍼포먼스 자체만을 하나의 현대미술 작품이라고 봐도 무방할 정도이고, 조금 과장하면 세계 미술사에 길이 남는 사건이 될 것이다.

미술 테러리스트라 불리는 뱅크시란 현대미술 작가의 작품을 선택했고, 뱅크시의 수많은 작품들 중에서도 미술 경매를 비꼬는

---

1   https://hypebeast.kr/2021/3/original-banksy-artwork-burned-digitized-and-put-up-for-sale-as-nft

'Morons'를 선택했으며, 작품을 불태우는 퍼포먼스는 너무나도 잘 짜인 탁월한 기획이기에 나 또한 한 명의 미술 작가로서 그들의 작품_{퍼포먼스}이 부럽기까지 했다.

사견이지만 이 6분가량의 영상, 그 자체를 NFT화해서 그것을 또다시 미술 작품으로 경매에 올렸으면 하는 바람이 생길 정도이다.

● 도대체 NFT는 무엇일까?

NFT는 '대체 불가능한 토큰_{Non-Fungible Token}'이라는 뜻으로, 희소성을 갖는 디지털 자산을 대표하는 토큰을 말한다. NFT는 블록체인 기술을 활용하지만, 기존의 가상 자산과 달리 디지털 자산에 별도의 고유한 인식 값을 부여하고 있어 상호 교환이 불가능한, 다시 말해 다른 것으로 대체될 수 없다는 것을 의미한다.

이 가상 자산은 자산 소유권을 명확히 함으로써 게임, 예술품, 부동산 등의 기존 자산을 디지털 토큰화하는 수단이 된다.

NFT는 블록체인을 기반으로 하기 때문에 소유권, 판매 이력

등 모든 관련 정보가 블록체인에 저장되며, 따라서 최초 발행자를 언제든지 확인할 수 있어 위조가 불가능하다. 이 밖에 기존 암호화폐 등 가상 자산은 발행처에 따라 동등한 조건을 가지고 있는 반면 NFT는 고유 인식 가치가 별도로 있어 서로 교환이 불가능하다. 예를 들어, 비트코인 1개당 가격은 동일하지만 NFT를 적용하면 하나의 코인은 다른 코인으로 대체할 수 없는 별도의 인식 값을 갖게 된다.[2]

NFT의 시초는 2017년 스타트업 대퍼랩스Dapper Labs가 개발한 '크립토키티CryptoKitties'로 여겨진다. 유저가 NFT 속성의 고양이들을 교배해 자신만의 희귀한 고양이를 만드는 게임이다. 특히 2017년 말에는 이 게임의 디지털 고양이가 11만 달러약 1억 2,000만 원에 거래되어 세간의 이목을 집중시켰다.

대퍼랩스는 2020년부터 미국 프로농구NBA와 손잡고 NFT 거래 플랫폼인 'NBA 톱 샷NBA Top Shot' 서비스를 제공하고 있는데, 해당 플랫폼에서는 유명 선수들의 하이라이트를 유저 자신들이 짧게 편집한 영상으로 거래할 수 있다. 대퍼랩스는 NBA와 라이선

---

2   NFT, 네이버 지식백과, 시사상식사전, pmg 지식엔진연구소

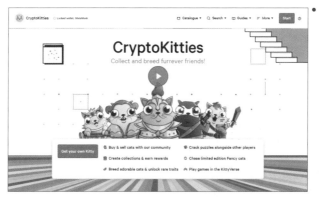

- 크립토키티 (대퍼랩스)
- Jeff Koons, '토끼 (Rabbit)', 1986
  출처: https://www.bbc.com/news/world-us-canada-48292277

Beeple, '매일: 첫 5000일 (Everydays: The First 5000 Days)', 2021
출처: 크리스티 경매 공식 홈페이지

스 계약을 맺고 희소성을 유지하기 위해 NFT를 한정 제작해 판매하고 있다.

NFT는 가상 자산에 희소성과 유일성이란 가치를 부여할 수 있기 때문에 최근 온라인 스포츠, 디지털 아트, 게임 아이템 거래 분야 등을 중심으로 그 영향력이 급격히 증가하고 있다.[3]

대표적인 예로 디지털 아티스트 '비플Beeple'이 만든 10초짜리 비디오 클립은 온라인에서 언제든지 무료로 시청할 수 있지만, 2021년 2월 NFT 거래소, Nifty Gateway에서 660만 달러74억 원에 판매됐다.

또한 세계 최대 미술 경매 회사인 크리스티Christie's에서 그의 NFT 작품인 '매일: 첫 5000일(Everydays: The First 5000 Days)'은 첫 경매 시작가가 100달러였던 것이 최종적으로는 대략 한화 790억 원에 거래되어 살아 있는 작가들 중 세 번째로 높은 작품 가격을 인정받은 유명 작가가 되었다.

참고로 1위는 미국 키치의 대가, 제프 쿤스Jeff Koons의 '토끼Rabbit'인데 2019년 크리스티에서 대략 1082억에 낙찰을 받았고, 2위는 영국이 사랑하는 작가인 데이비드 호크니David Hockney의 '예술가

---

3   NFT, 네이버지식백과, 시사상식사전, pmg 지식엔진연구소

David Hockney, '예술가의 초상 (Portrait of an Artist (Pool with Two Figures))', 1972
출처: 크리스티 경매 공식 홈페이지

의 초상 Portrait of an Artist (Pool with Two Figures)'으로 2018년 역시 크리스티에서 약 1019억에 거래가 되었다.

  그 밖에도 테슬라 최고경영자CEO 일론 머스크의 여자 친구이자 가수인 그라임스는 2021년 3월 NFT 기술을 적용한 '워 님프War Nymph'라는 제목의 디지털 그림 컬렉션 10점을 온라인 경매에 내놓았는데 20분 만에 580만 달러65억 원에 낙찰되면서 큰 화제를 모았다.[4]

  물론, 그라임스의 NFT 작품은 일론 머스크의 여자 친구, 그리고 연예인이라는 이름값으로 거래가 된 것이지만, NFT가 세상에 알려지는 데에 지대한 역할을 한 것은 틀림없다.

  이런 상황에서 새로운 소식이 들려왔다. 지난 10월 29일, 크립토펑크CryptoPunk의 #9998이란 작품이 NFT 역대 최고가에 거래가 됐다는 것이다. 이 작품은 5억 3200만 달러한화 6225억 원에 달한다고 전해졌다. 이러한 금액은 NFT 미술 작품 최고가 기록을 깬 것뿐 아니라, 지금까지 미술사 전체에서 가장 높게 거래된 레오나르도 다 빈치 작 '살바토르 문디'의 4억5030만 달러한화 약 5000억 원라는 기

4　NFT, 네이버 지식백과, 시사상식사전, pmg 지식엔진연구소

- 그라임스 (Grimes) '워 님프 (War Nymph)'
  출처: 니프티 게이트웨이 홈페이지
- • CryptoPunk, #9998

록도 깬 것이라 엄청난 화제가 되었다.

크립토펑크는 2017년 발행된 NFT 시리즈로 '가장 오래된 NFT 프로젝트'라는 평을 받고 있다. 당시에는 가치를 인정받지 못했지만, 단 1만 개만 발행한다는 희소성과 역사성이 더해져 최근에 높은 가격에 거래되고 있다.

실제로 지난 6월에는 크립토펑크의 NFT가 소더비 경매에서 1170만 달러_{한화 136억 원}에 낙찰되기도 했다. 이후 최고가를 경신한 크립토펑크 #9998은 2020년 12월 27일, 9499 달러_{한화 1111만 원}에 거래된 바 있는데, 10개월 만에 6만 배 정도 가격이 오른 것이다.

물론 NFT 시장과 그에 따른 법체계가 혼돈기에 놓여 있어서 크립토펑크의 작품이 내부 거래라는 이야기로 비판을 받고 있기도 하다. 하지만 기존 미술 시장을 떠올려보면 그렇게까지 비판받을 일인가 한 번쯤 생각해 볼 만한 점도 있다.

● NFT 거래 플랫폼

인젝티브 프로토콜의 뱅크시 작품을 이용한 퍼포먼스, 비플의 엄청난 작품 가격, 일론 머스크의 여자 친구 그라임스의 디

지털 그림 NFT 판매, 그리고 초창기대략 10년 전부터 비트코인 투자
에 관심이 많았던 트위터 CEO 잭 도시Jack Dorsey의 첫 트윗 NFT
거래 등의 소식들이 뉴스난을 장식하자 젊고 발 빠른 미술 작가
들은 본인의 작품들로 새로운 신화를 쓰고 싶어 했다.

그 결과, 오픈씨, 슈퍼레어, 니프티 게이트웨이 등 기사에서 많
이 보이는 NFT 거래 플랫폼5에 그들의 작품이 하나둘씩 올라가
기 시작했다.

• OpenSea https://opensea.io

현재, 가장 많이 알려진 오픈씨 NFT 거래 플랫폼은 2017년에 설립
되었고, 그 이름처럼 누구나 본인의 작품을 올릴 수 있다. 이것은
블록체인과 암호화폐가 처음 나왔을 때 탈 중앙화를 외쳤던 그 신
념과 가장 많이 닮아 있다.

사이트 첫 화면에도 쓰여 있듯이 NFT 작품을 구매하고 싶은
사람, 자신의 작품을 팔고 싶은 미술 작가 또는 NFT 작품을 컬렉
팅한 후에 그것을 다시 2차 판매리세일를 하고 싶은 사람 등 어느
누구나 이곳을 이용할 수 있다. 세계에서 가장 먼저 NFT 거래 플

---

5 매체에 따라 NFT 마켓이나 NFT 거래소 등으로도 불리는데, 여기에서는 NFT 거래 플랫폼
으로 통일하여 칭한다.

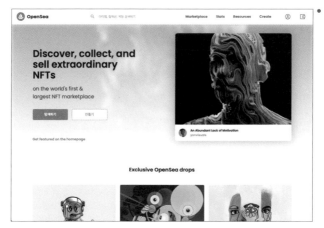

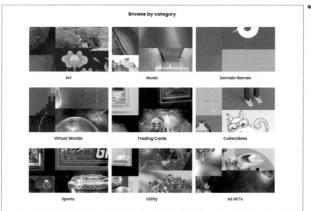

- 오픈씨의 메인 화면
•• 오픈씨의 NFT 카테고리

랫폼을 론칭했으며, 현시점에서 가장 큰 플랫폼이기 때문에 NFT 업계의 이베이라고 부르기도 한다.

오픈씨에서는 모든 종류의 NFT를 사고팔 수 있다. 따라서 거래되는 것이 미술 작품으로 한정되어 있지 않다. 미술, 음악, 스포츠뿐 아니라 웹주소 즉 도메인까지도 선점해서 NFT화한 후에 팔 수도 있다. 작품의 거래는 비트코인에 이어 두 번째로 유명한 이더리움Ethereum으로 결제한다. 물론, 다른 암호화폐로도 결제가 가능하다.

앞서 말했듯이 암호화폐의 탈 중앙화 신념에 맞게 누구나 그 어떤 것이나 NFT 작품을 올릴 수 있다는 것이 오픈씨의 장점이기에 가장 이상적인 NFT 거래 플랫폼이라고 생각한다.

하지만 바로 그러한 이유 때문에 과연 이것을 '작품'이라고 부를 수 있는가 하는 의문이 생길 정도로 그 퀄리티가 떨어지는 것들도 많다. (물론, 훌륭한 작품이 없는 것은 아니다.) 게다가 작품이 너무나 많기에 자신이 원하는 작품을 찾는 것이 쉽지 않다.

그리고 미술 작가 입장에서는 본인의 작품이 노출되는 것이 쉽지 않아 초창기에 호기롭게 오픈씨에 도전을 했던 작가들은 시간이 지나면서 실망을 하는 경우도 적지 않다.

• SuperRare https://superrare.com

슈퍼레어는 오픈씨와 함께 NFT 거래 플랫폼의 양대 산맥이라 할 수 있는데 오픈씨와는 지향하는 바가 다르다. 오픈씨가 말 그대로 '열린 바다'라면, 슈퍼레어는 그 이름답게 '엄청난 희소성'을 표방하고 있기 때문에, 단지 그 매체가 디지털로 바뀌었을 뿐 어쩌면 기존 미술 시장과 맥을 같이하고 있는 것일 수도 있다.

그들이 스스로를 정의한 것을 보면 'Authentic Digital Art Marketplace', 그러니까 '진정한믿을만한 디지털 아트 마켓'으로 부르고 있다. 그렇기 때문에 오픈씨처럼 '모든 것은 NFT 작품이 될 수 있다'라기보다는 거래되는 것을 '미술'로 한정 지어서 자신들의 정체성을 보여주고 있다. 그리고 누구나 자신의 작품을 올릴 수 있는 것이 아니라, 일정한 심사를 통해서 그것을 통과한 작품만이 이 플랫폼에 작품으로 등록된다.

그러니까 슈퍼레어의 장점은 미술품의 퀄리티 보장이다. 내부 심사를 하고, 때마다 큐레이팅을 한 작품을 노출시키기 때문에 구매자의 입장에서는 수준 높은 NFT 작품을 비교적 쉽게 감상하고 선택할 수 있다.

또한 기존의 미술품 경매 회사 소더비Sotheby's와 협업을 진행 중이기에 기존의 컬렉터 입장에서는 신뢰를 가질 수밖에 없다.

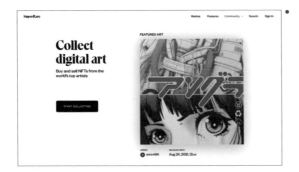

- 슈퍼레어의 메인 페이지
- • 니프티 게이트웨이 메인 페이지

2018년경 슈퍼레어에 수십 억가량을 투자한 기업도 있다고 하는데 그 성공 여부에 대한 판단은 우리의 몫이다.

그런데 이 플랫폼이 암호화폐 이더리움으로 결제하는 시스템임에도 불구하고 블록체인 또는 암호화폐의 신념과 맞는가?라고 질문을 한다면, 그것과는 거리가 있다고 말할 수밖에 없다.

앞서도 이야기했지만, 지금 NFT 상황은 혼돈 그 자체이다. 하지만, 현시점에서 슈퍼레어는 자신의 길을 현명하게 가고 있는 것으로 보여진다. NFT의 미래가 어떻게 될지는 아무도 알 수 없지만, 어쩌면, 슈퍼레어의 방향이 하나의 정답이 될 수도 있겠다는 생각이 든다.

슈퍼레어 역시 이더리움으로 거래를 진행하는데 아임토큰, 레인보우 월렛, 메타마스크, 트러스트 월렛 등 전자지갑을 연동시키면 거래를 할 수 있다.

2021년 8월에는 뒤에 설명할 '라리블'처럼 슈퍼레어에서도 'RARE'라는 암호화폐를 발행하기 시작했다. 우연치 않게 암호화폐 이름도 비슷하다.

• Nifty Gateway https://niftygateway.com

니프티 게이트웨이는 그라임스의 워 님프가 거래된 NFT 거래 플랫폼으로 유명하다.

그러나 니프티 게이트웨이의 운영 방향은 오픈씨와 슈퍼레어 중간쯤 어디에 있는 느낌이다. 오픈씨처럼 누구에게나 개방된 것도 아니고 슈퍼레어처럼 비교적 까다로운 심사를 통해서만 미술 작가들이 자신의 작품을 올릴 수 있는 것도 아니다.

니프티 게이트웨이에 대한 설명 중 눈에 띄는 부분이다. 'Let's start with regular digital items.' 말 그대로 이 NFT 거래 플랫폼은 슈퍼레어처럼 NFT를 '미술'에만 한정하지 않는다.

그들은 '디지털 아이템'이라는 단어를 쓰고, 첫 설명에 포트나이트나 월드 오브 워크래프트 같은 게임 아이템을 예로 들었다. 결국 이 몇 문장들이 그들의 정체성을 보여주는 것이 아닌가 하는 생각이 든다.

오픈씨의 혼돈과 슈퍼레어의 폐쇄성이 마음에 들지 않는 미술 작가 또는 컬렉터는 니프티 게이트웨이가 좋은 선택이 될 수 있다. 또한 이곳은 이더리움뿐 아니라 신용카드를 이용한 달러로도 결제가 가능하기에 그 대안으로 충분하다.

• **Rarible** https://rarible.com

라리블은 위에서 설명한 오픈씨, 슈퍼레어, 니프티 게이트웨이랑
도 또 조금 다르다. 가장 큰 차이점은 라리블은 위의 NFT 거래 플
랫폼과는 다르게 라리블 자체 암호화폐RARI를 발행하고, 작가 또
는 구매자에게 보상으로 그들의 암호화폐를 준다.

이 방식은 우리가 잘 알고 있는 비트코인, 이더리움처럼 자체
블록체인 시스템을 강화(흔히 'Mining: 채굴'이라 부른다)하는 차원
에서 그들의 암호화폐를 주는 것인데, 그 결과 라리블에서 활동
하는 작가는 NFT 작품 판매 수익뿐 아니라, 보상의 차원에서도
라리블의 암호화폐인 RARI를 또 지급받는다.

지금은 초창기이기에 이것이 그들의 NFT 거래 플랫폼의 홍보
목적일 수도 있는데, 컬렉터에게도 물론 RARI를 지급한다. 이렇
게 지급받은 RARI는 전 세계 수십여 곳의 암호화폐 거래소에서
마치 비트코인처럼 거래를 할 수 있다. 이것은 경제적인 측면에
서 봤을 때, 또 다른 보너스가 될 수도 있다. 그런 의미에서 개인
적으로는 라리블이 가장 진보적인 느낌이 드는 NFT 거래 플랫폼
으로 보인다.

하지만 암호화폐가 가장 많이 비판을 받고 있는 부분, 즉 '결국

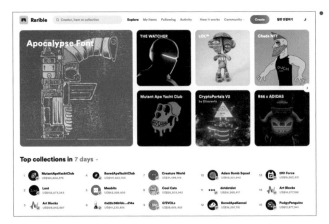

- 라리블 홈페이지
- 라리블을 시작하려면 우선 암호화폐 월렛부터 연결하라는 페이지가 나온다.
  물론, 다른 NFT 마켓도 그렇지만, 라리블은 그것이 더 강조된 느낌이다.

에는 이 모든 것이 사기 아닌가?'라는 지점과 라리블의 시스템이 너무나도 닮아 있기에 비판적 시각도 분명히 존재한다.

사실 NFT 자체가 블록체인 기술로 시작된 것이기에 라리블의 탄생은 어쩌면 필연적 결과일지도 모른다. 그렇기에 NFT에 관심이 있는 작가 또는 컬렉터는 자신의 신념에 따라서 NFT 거래 플랫폼을 선택하면 될 것이다.

라리블에서는 그들의 암호화폐인 RARI로 거래를 할 수 있다. 물론, 이더리움으로도 가능하다.

• 카카오 클립 드롭스 Kakao Klip Drops

국내에서도 NFT 거래 플랫폼이 하나둘씩 등장하기 시작했다. 카카오 클립 드롭스는 어쩌면 가장 크고 파괴력이 있는 플랫폼이라고 해도 과언이 아니다. 우선, 카카오 클립에 대해서 알아보자.

카카오 클립은 엄밀히 말해서 NFT 거래 플랫폼이라기보다는 카카오에서 내놓은 디지털 지갑이란 서비스이다. 그렇기에 메인 서비스는 암호화폐의 지갑(이것은 예를 들면, 업비트, 빗썸 같은 암호화폐의 거래소 지갑과는 또 다른 형태이다.)이다. 하지만, 그 안에 클립 드롭스라고 하는 NFT 거래 플랫폼(그들은 디지털 아트 큐레이션 갤러리라고 소개하고 있다.)이 있다.

클립 드롭스는 지난 7월부터 NFT 거래 플랫폼을 오픈한다고 국내에서 대대적으로 홍보를 했고, 그 시작으로 연예인 화가로도 유명한 하정우 배우를 비롯하여, 우국원, 미스터 미상Mr. Misang 등 작가들의 작품을 선보였다. 하루 만에 모든 작품이 엄청난 가격으로 판매가 되었고, 그 기사는 포털 뉴스에서 쉽게 볼 수 있었다.

클립 드롭스에는 위에서 설명한 세계적인 NFT 거래 플랫폼과 또 다른 특징들이 존재한다. 그 이유는 알 수 없지만, 스스로를 마켓보다는 디지털 갤러리라고 부르고, 그렇기에 이미 유명한 미술 작가 또는 연예인 작가들의 작품만 볼 수 있다.

물론, 누구나 이 플랫폼에 지원을 할 수 있다고 하지만, 과연 젊은 작가들이나 이제 막 시작한 신인 작가들이 이곳에 들어갈 수 있을지는 의문이다.

앞서 이야기한 슈퍼레어가 이름처럼 어느 정도 선별된 작품으로 거래 플랫폼이 구성되어 장단점이 동시에 존재한다고 이야기했는데, 클립 드롭스는 그것보다도 더 진입 장벽이 높다. 그렇기에 탈 중앙화를 이야기하고 대중화의 기폭제가 될 수 있다는 NFT의 장점을 클립 드롭스에서는 찾아보기 힘들다.

현재로서는 몇 백 년 동안 이어온 기존 미술 시장과 무엇이 다른지 알기가 힘들다. 단순히 물리적인 작품에서 디지털 작품으로

- 카카오의 메인 페이지
- ∵∴ 카카오 클립 드롭스 메인 페이지

그 매체만 바뀐 것 같은 느낌을 지울 수 없다.

　하지만 그렇기에 NFT란 것에 거부감을 가지고 있는 기존의 컬렉터를 사로잡을 수는 있을 것이다. 게다가 다음, 카카오톡을 소유하고 있는 한때 우리나라 시총 1위 기업인 카카오에서 시작한 서비스이기에 국내 한정으로 클립 드롭스에 접근하는 것은 너무나 쉽다. 이것은 누가 뭐라고 해도 장점이라 볼 수밖에 없다.

　이미 그 점은 클립 드롭스 인터넷 홈페이지에서도 쉽게 찾아볼 수 있다. 1. 보다 쉽게 2. 하루에 단 한 명 3. 검증된 작품, 이것이 클립 드롭스의 방향이라고 보면 될 것이다.

　클립 드롭스의 신념이 이렇기에 NFT의 사회적, 미술사적인 의미는 찾을 수 없다는 단점이 존재하고 카카오톡 유저만 접근할 수 있기 때문에 거의 국내 한정이라고 봐도 과언이 아니다. 또한 카카오의 암호화폐인 클레이KLAY만으로 거래할 수 있기에 이것 또한 단점이라 할 수도 있다.

　물론, 시간이 어느 정도 지난 뒤, 누구나 본인의 작품을 올릴 수 있는 시점이 올 수도 있을 것이다. 얼마 전 오픈씨와 기술 제휴를 맺었다는 기사가 나왔기 때문이다. 그렇다면 현재의 이러한 단점들이 사라질 날이 도래하지 않을까 조심스레 전망해 본다.

이 밖에도 국내에 All My Precious, NFT MANIA, De-Fine Art 등등 여러 NFT 거래 플랫폼이 존재하고 있다.

그리고 앞으로 국내외 NFT 거래 플랫폼들은 계속 나올 것이다. 지금은 그야말로 혼돈 상태이기 때문에 이 글을 읽고 있는 독자도 분명 혼란스러울 것이다. 하지만 곧 안정기가 올 것이라고 확신한다.

● NFT 거래 플랫폼에 작품 올리는 방법 & 매매 매뉴얼

앞에서 NFT와 NFT 거래 플랫폼에 대해서 개괄적으로 알아보았다.

그렇다면 이제부터는 실제로 NFT 거래 플랫폼에서 작품을 사거나 또는 작품을 올리는 방법에 대해서도 알아보자. 이것만 알아두면, 일반인 입장에서는 NFT 미술 작품의 컬렉터가 될 수도 있고, 앞서 수차례 이야기했던 리세일, 그러니까 2차, 3차 판매를 통해 수익을 얻을 수도 있다.

실질적으로 자신이 컬렉팅한 작품을 다시 NFT 거래 플랫폼에 올리는 것이 NFT를 통한 아트테크의 시작이기에 독자에 따라서는 이 책에서 가장 유용한 내용이 될 수도 있을 것이다.

또한 NFT 미술 작가를 꿈꾸고 있다면, 자신의 작품을 NFT 거래 플랫폼에 올리는 것이 출발점이라고 할 수 있기에 역시 중요하지 않을까 생각한다.

지금 이 순간에도 한국뿐 아니라 전 세계적으로도 NFT 거래 플랫폼은 엄청나게 많이 생기고 있다. 그렇기에 그 모든 플랫폼에 대해서 알아보는 것은 불가능에 가깝다. 하지만 다행히 큰 틀에서 보면 차이가 있지 않기에 현시점에서 가장 큰 NFT 거래 플랫폼인 오픈씨Opensea.io를 중심으로 그 방법에 대해서 구체적으로 알아보자.

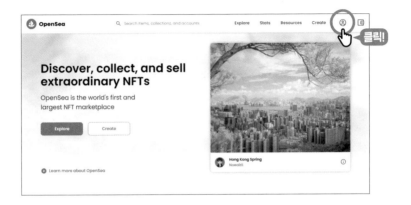

앞서 보았던 오픈씨의 메인 페이지이다. NFT 거래 플랫폼뿐 아니라, 우리에게 익숙한 인터넷 쇼핑몰, 그러니까 쿠팡, 11번가, 아마존 등등에서 물건을 구매하려면 우선, 회원 가입을 해야 한다.

하지만, 이제는 다들 아시겠지만, NFT 거래 플랫폼은 블록체인을 바탕으로 한 쇼핑몰이라고도 할 수 있기에 회원 가입이 기존의 인터넷 쇼핑몰과는 조금 다르다.

우선, 위에 보이는 화면 오른쪽 상단에서 사람 모양의 아이콘인 'Account'를 클릭한다.

그럼, 위의 화면이 보일 것이다. 그런데 회원 가입 화면은 보이지 않고, 'Connect your wallet'이란 문장이 보일 뿐이다. 이미 암호화폐를 거래해봤다면 익숙하겠지만, 그렇지 않다면, 어디서부터 시작해야 되는지 당황하게 된다.

하지만, 천천히 단순하게 생각해 보자. NFT 거래 플랫폼에서는 기본적으로 암호화폐, 그러니까 이더리움(물론, 다른 암호화폐로도 거래할 수 있다. 어떤 NFT 거래 플랫폼에서는 신용카드를 사용하는 경우도 있으나 극히 드물다)으로 작품 거래를 한다는 사실을 앞선 내용에서 이미 언급한 바 있다.

그렇다면 암호화폐 월렛이 있어야 한다.

위에서 보이는 MetaMask, Coinbase Wallet, WalletConnect, Fortmatic은 기본적으로 암호화폐 월렛을 의미한다.

참고로 암호화폐 거래소인 업비트, 빗썸 등 거래소 월렛과는 기본적으로 다르다. 위에 언급된 월렛은 거래소 월렛과는 다르게 핫월렛hot wallet이라 불리는데 블록체인 기술을 기반으로 하는 소프트웨어 프로그램, 플랫폼, 브라우저 확장 프로그램으로 거래소 지갑과는 다르게 해킹의 위험에서 비교적 안전한 편이다. (물론, 프라이빗 키-그러니까 비밀번호 같은-가 노출되면 해킹의 가능성이 높아진다.)

여담이지만, 암호화폐는 기본적으로 블록체인 기술로 만들어졌기에 해킹이 불가능에 가까운데, 그럼에도 불구하고 해킹당했다는 기사를 어디선가 읽어본 적이 있을 것이다. 결론적으로 그것은 암호화폐가 해킹당한 것이 아니라 '암호화폐 거래소'가 해킹당했던 것이다.

다시 월렛으로 돌아와서 NFT 거래 플랫폼의 시작은 메타마스크MetaMask 등과 같은 본인의 핫월렛을 만드는 것부터이다. 그리고 그 월렛을 오픈씨에 연결(위의 화면에서 메타마스크 또는 본인이 만든 월렛을 클릭)해주면 흔히 말하는 회원 가입은 끝이다.
참고로 오픈씨 같은 경우는 워낙 거대한 NFT 거래 플랫폼이기에 수많은 핫월렛을 지원한다. 위의 화면에서 보이는 4가지의 월렛뿐 아니라 카카오의 크라운드 X에서 개발한 카이카스Kaikas (카카오의 클레이튼 월렛)도 지원한다.

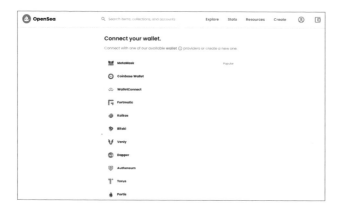

위의 화면에서 'show more options'를 클릭하면 카이카스를 비롯한 다른 종류의 월렛을 볼 수 있다.

그럼, 여기서 또 문제가 생긴다. 핫월렛이 아무 것도 없는데, 어떻게 해야 하나? 위의 화면에 많은 핫월렛이 보이지만, 이더리움 기반의 월렛인 메타마스크가 가장 유명하고, 거의 대부분의 NFT 거래 플랫폼에서 지원하기에 우선 메타마스크 만드는 방법을 살펴보고 그다음 단계로 진행하자.

메타마스크MetaMask는 구글의 인터넷 브라우저인 크롬 베이스의 브라우저 또는 파이어폭스Firefox의 확장 프로그램으로 쉽게 설치할 수 있다. 또한 스마트폰 앱도 있기에 휴대폰으로 앱을 설치해서 만들 수도 있다.

그럼 먼저 컴퓨터의 웹브라우저 확장 프로그램으로 메타마스크를 만드는 과정부터 차근차근 알아보자.

크롬 브라우저에서 오른쪽 상단의 점 세 개를 클릭한다.
그리고 '도구 더보기'를 클릭한 후, '확장 프로그램'을 클릭한다.
그리고 보이는 화면의 왼쪽 상단에서 '확장 프로그램' 왼쪽에 있는 석 삼자(三) 모양을 클릭한다.

그 다음 왼쪽 아래 'Chrome 웹
스토어 열기'를 클릭한다.

스토어 검색란에서 'metamask'를 검색한다.

그리고 검색된 메타마스크에서 오른쪽 상단에 보이는 'Chrome에 추가'가 써 있는 파란 박스를 클릭한다.

설치가 완료되면 자동으로 다음 화면이 보인다.

'시작하기'를 클릭하고, 이미 메타마스크 월렛이 있다면 '지갑 가져오기'를 클릭해야겠지만, 지금은 새로 만드는 것을 알아보는 단계이므로 오른쪽의 '지갑 생성'을 클릭한다.

그리고 암호를 만든다. 기존에 쓰던 비밀번호보다는 어렵고 복잡한, 한 번도 사용하지 않았던 암호를 만드는 것을 추천한다. 여기서 중요한 것이 이 암호가 만약에 노출되면 NFT 거래 플랫폼에서 작품을 구매하기 위해 마련한 이더리움, 구매한 작품, 그리고 작가라면 작품을 판매한 수입금 등등이 한순간에 공중으로 사라질 수 있다. 그렇기에 각별히 유념해서 암호를 설정해야 한다.

암호를 생성하면, '지갑 보호하기'란 짧은 영상을 볼 수 있다. 그리고 영상 오른쪽에 있는 글을 주의 깊게 읽어볼 필요가 있다.

위에서 언급한 내용을 조금 더 구체적으로 설명한 것이다. 메타마스크를 만들 때, 다시 한 번 정독할 것을 권한다.

그 후에는 정말로 중요한 것이 '복구 구문Secret Recovery Phrase'이다. 열쇠 그림을 클릭하면 영단어들이 보이는데, 그 단어들과 순서는 절대로 잊어버리면 안 된다.

그래서 위의 그림에서도 '은행 금고에 보관', '대여 금고에 보관'이란 설명이 있는 것이다. 이것은 컴퓨터에서 만들어 스마트폰 앱을 설치할 때도 필요하고, 새로운 인터넷 브라우저를 사용할 때도 필요하다. 묻지도 따지지도 말고 정확히 기억하고 있거나, 재차 말하지만 종이에 써서 꼭 보관해야 한다. (메타버스, NFT 시대가 다가오는데 이렇게 예전 방식으로 복구 구문을 보관한다는 것이 아이러니 하기는 하다.)

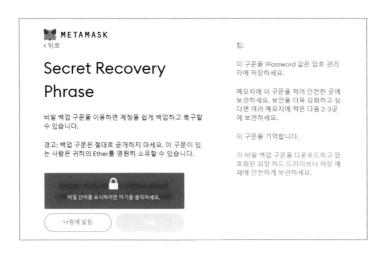

이 화면이 보이면 드디어 핫월렛인 메타마스크를 만든 것이다. 그리고 마지막으로 확인을 해야 할 것이 있다.

다시 크롬 브라우저로 돌아와서, 오른쪽 상단에 있는 퍼즐 아이콘을 클릭하면 브라우저에 설치된 확장 프로그램이 보일 것이다. 확장 프로그램 옆에 있는 핀 모양의 아이콘을 클릭하면 파란색으로 활성화가 되는데, 그러면 브라우저 오른쪽 상단에 여우 아이콘이 보일 것이다.

이번에는 오픈씨로 돌아와서 'Connect your wallet'에서 MetaMask
를 클릭하면 위의 화면이 보일 것이다. 그리고 '다음'을 클릭한다. 그
뒤에 나오는 '연결' 버튼을 클릭하면 아래와 같은 화면이 보일 것이
다. 그럼, 이제 오픈씨에서 작품을 구매할 수도, 판매할 수도 있다.

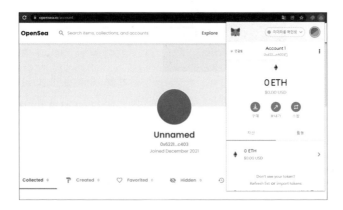

앞서 말했듯이 거래에 기본적으로 쓰이는 암호화폐 이더리움을
메타마스크 월렛에 넣으면 마치 인터넷 쇼핑몰처럼 오픈씨에서
원하는 작품을 구매할 수 있다.

그리고 작품을 판매하기 위해서는 아래 화면에서 'Creat'를 클릭
하는 것으로 시작한다.

그다음에는 서명 요청 화면이 나오는데, 여기서 주의해야 할 점
은 '원본: https://opensea.io'이라는 문구이다.
'NFT 작품을 오픈씨에 올린다'는 것은 다시 말해 오픈씨에서
NFT화(이것을 '민팅'이라 부른다)한다는 것이다. 만약에 같은 jpg
이미지를 오픈씨에도 올리고, 슈퍼레어에도 올린다면(민팅한다면)
같은 이미지의 두 가지 원본이 생긴다는 점이다. 그렇기 때문에
작가는 이 점을 주의해야 한다. 실수로 두 군데의 NFT 거래 플랫

폼에 올린다면, 작가의 신뢰에 금
이 갈 수 있기 때문이다.

여기서 '서명'을 클릭하면 다음 화
면으로 넘어간다.

이제부터는 간단하다.

산 모양의 아이콘을 클릭하면 여러
가지 포맷의 파일을 업로드할 수
있고, 그 밑의 설명란에 작품 설명 등
을 작성해 주면 된다.

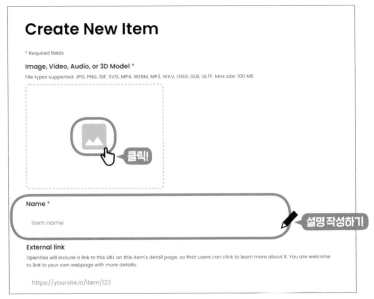

Create New Item

* Required fields

Image, Video, Audio, or 3D Model *
File types supported: JPG, PNG, GIF, SVG, MP4, WEBM, MP3, WAV, OGG, GLB, GLTF. Max size: 100 MB

Name *

Item name

External link
OpenSea will include a link to this URL on this item's detail page, so that users can click to learn more about it. You are welcome to link to your own webpage with more details.

https://yoursite.io/item/123

그리고 마지막에 있는 'Creat' 버튼을 클릭하는 것으로 이 과정은 끝난다.

지금까지 실제적으로 NFT 거래 플랫폼에서 작품을 구매하고, 판매하는 방법을 알아봤다. 이것으로 NFT 아트테크도 가능하고, NFT 작가가 되는 것도 가능해졌다.

여기서 한 가지 명심해야 할 것이 있다.
우리가 NFT의 존재를 알게 된 것은 아직 1년이 채 되지 않았다. NFT란 바다에 뛰어드는 것은 그것만으로 큰 모험이 될 수 있다.

하지만, 서부 개척 시대에 사람들이 금광을 캐러 서쪽으로 간 것처럼 예술가 또는 용기가 있는 사람은 지금 당장 서쪽으로 가야 한다. 그곳에 금이 있다는 사실을 모두가 알기 때문이다.
그러나 여전히 그곳에 가기를 두려워하여 청바지를 만들며 기회를 놓치는 사람도 있을 것이다.

역사는 항상 되풀이된다. 현명한 사람이라면 과거를 통해 미래를 예측하고 대비할 수 있어야 한다.

NFT
ART

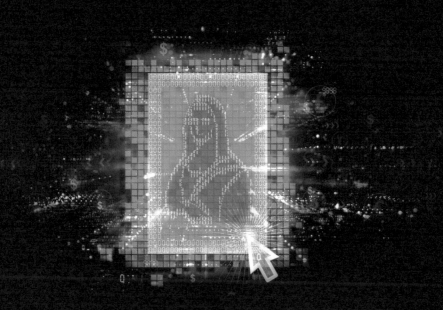

Chapter .2

메타버스 시대의
미술

2021년 핫 키워드라 하면 아마도
'메타버스'일 것이다. 어떤 이는 그냥
기존에 있던 MMORPG(Massive Multi-
user Online Role Playing Game)와
무엇이 다르냐?라며 비꼬기도 한다.
만약 그렇다면 '리니지'의 'NC 소프트'와
'World of Warcraft'의 '블리자드'에
모든 자본이 몰려야 하겠지만, 현실은
다르다. 오히려 초등학생들만 한다는
네이버의 제페토나 로블록스에 전 세계
미래 자본이 몰리고 있다.
그러면 도대체 메타버스가 무엇이길래
이런 현상이 벌어지고 있는 것일까?

• 메타버스

'메타버스Metaverse'란 초월을 의미하는 그리스어 'Meta'와 현실 세계를 의미하는 'Universe'의 합성어로 가상세계, 현실을 초월한 세상을 뜻한다. 지금 내가 살고 있는 세상에 중첩되어 있는 또 하나의 세상이라고 생각하면 이해가 빠를 것이다.

쉬운 예로 몇 년 전에 전 세계적으로 인기가 있었던 '포켓몬 고'란 게임을 생각하면 된다. 그리고 '스파이더맨: 뉴 유니버스' 애니메이션을 보면, 다른 유니버스에서 온 스파이더맨이 주인공의 유니버스로 모이는데, 이 영화를 보았다면 이해가 조금은 쉬울 것이다. 또한 상업 영화의 한계를 뛰어넘은 역대 최고의 영화라고 봐도 무방한 '매트릭스'가 그 대표적인 예가 될 수 있다.

• 포켓몬 고 게임
•• 스파이더맨

메타버스는 크게 4가지로 나눌 수 있다.

1. 가상 현실 (Virtual Worlds)

이미 우리가 알고 있는 것들이다. 예를 들면 컴퓨터나 스마트폰 화면으로 보고 직접 참여하는 게임 속 세상이라고 생각하면 된다. 이것은 현실 세계와 다르다는 것은 누구나 알고 있다.

물론, 게임에 중독되어서 그 불만을 현실 세계에서 드러내는 경우도 있지만, 이 단계까지는 현실은 현실, 게임은 게임으로 존재하며, 어쩌면 기술과 개념의 부족으로 현실과 가상이 확실히 구별되는 것일 수도 있다.

2. 증강현실 (Augmented Reality)

증강현실은 가상 현실보다 조금 더 현실에 가깝게 적용시킨 단계라고 볼 수 있다. 대표적으로 VR 기기를 이용한 게임이나 '포켓몬 고' 같은 게임이 있다.

포켓몬 고는 자신의 스마트폰 카메라로 실제 세상을 화면 속에 비추고, 화면 속에 나타난 포켓몬을 잡는 게임인데 증강현실의 대표적인 예라고 할 수 있다.

3. 라이프 로깅 (Life-logging)

라이프 로깅은 간단하게 말해서 SNS에 자신의 일상을 기록, 업로드하고 그것이 복제되어 또 다른 세상을 만드는, 어떻게 보면 현시점에서 가장 현실과 맞닿아 있는 것이라고 볼 수 있다.

트위터, 페이스북, 인스타그램 등이 여기에 속한다.

4. 거울 세계 (Mirror Worlds)

이것은 현실과 똑같은 세상이 온라인에도 존재하는 것을 의미하는데, 대표적으로 스마트폰의 내비게이션이나 지도 앱 같은 것이라고 보면 된다.

그 앱 안에는 우리의 실제 도로, 건물 등등이 똑같이 복제되어 작은 화면 안에 들어와 있는데, 이것을 거울 세계라고 부른다.[6]

지금 이야기한 4가지는 어떻게 보면 우리가 이미 경험을 한 것들이다. 그런데 현재 우리가 말하고 있는 메타버스는 이 모든 것을 종합하여 그 안에서 우리가 실제 생활을 하는 것처럼 게임도 하고, 공부도 하고, 사람을 만나 물건도 사고파는 경제 활동을 하

---

6   https://www.youtube.com/watch?v=-8PyZy3Cemw, 유튜브 '정동선의 궁금한 뇌'

는 것까지를 의미한다. 어떻게 보면 이미 존재했던 것처럼 보이기도 하지만 지금까지는 1[7]대 N의 상황이었다면 메타버스 서비스는 N대 N 상황에서 중간 다리 역할을 하는 플랫폼이라고 할 수 있다.

그리고 그 플랫폼은 지금 우리가 알고 있는 플랫폼 회사의 것들보다 훨씬 더 진보된 것이고, 그 영역을 상상 이상으로 확장시켜줄 수 있기에 그곳으로 자본이 몰리고 있는 것이다.

현재 메타버스 플랫폼을 대표하고 있는 두 서비스가 네이버 제페토와 로블록스이다.

• 메타버스 플랫폼

1. 네이버 제페토 (Zepeto)

네이버제트z가 운영하는 증강현실AR 아바타 서비스로, 국내 대표적인 메타버스 플랫폼이다. 2018년 출시된 제페토는 얼굴 인식과 증강현실AR, 3D 기술 등을 이용해 '3D 아바타'를 만들어 다른 이용자들과 소통하거나 다양한 가상 현실 경험을 할 수 있는 서

---

7 여기서 1은 서비스를 제공해주는 회사를 의미한다.

- 네이버 제페토 메인 페이지
- 로블록스 메인 페이지

비스를 제공한다. 특히, 제페토는 AR 콘텐츠와 게임, SNS 기능을 모두 담고 있어 10대 위주로 인기를 끌고 있다. 2021년 현재 대략 2억 명 이상의 이용자를 보유하고 있다.[8]

여기서 주목해야 할 점은 제페토는 AR 콘텐츠와 게임, SNS 기능을 '모두' 담고 있다는 것이다. 이것은 메타버스의 핵심이라고 볼 수 있기 때문에 아주 중요하다.

2. 로블록스 (Roblox)

로블록스의 미션은 게임을 통해 세상의 모든 우리를 하나로 모으는 것이다. 글로벌 커뮤니티 개발자들이 만든 수백만 개의 몰입도 높은 3D 게임들을 탐험하며 상상력을 이끌어내고, 게임도 직접 만들고, 이곳에서 친구들과 즐거운 시간을 보낼 수 있다.

로블록스가 엄청나게 성장할 수 있었던 비결은 바로 수백만 명의 개발자가 모여 있는 글로벌 커뮤니티에 있다. 구성원들은 로블록스의 직관적인 데스크톱 디자인 도구인 로블록스 스튜디오Roblox Studio를 이용해 매월 몰입감 높은 멀티 플레이어 체험을

---

8   제페토, 네이버 지식백과, 시사상식사전, pmg 지식엔진연구소

구현해 내고 있다.

여러분이 상상하는 모든 것을 로블록스에서 만들어 볼 수 있다.

"컴스코어ComScore(미국의 인터넷 마케팅 연구 기업)는 월간 평균 방문 횟수 및 이용 시간을 바탕으로 조사한 결과, 18세 미만 사용자 대상 최고의 온라인 엔터테인먼트 플랫폼 중 하나로 로블록스를 선정했다.

이러한 로블록스의 인기는 전적으로 사용자 커뮤니티의 성장에 힘입은 결과이다. 매월 수백만 명의 사용자들이 입소문을 통해 신규 가입을 하고 있다.[9]"

위의 설명은 로블록스 국내 홈페이지에 있는 설명을 옮긴 것이다. 그리고 홈페이지 첫 화면에서 눈에 띄는 것은 '수백만 명 950만명의 개발자'라고 써 놓은 부분이다. 로블록스 유저가 게임에 직접 참여할 수도 있고, 그 유저가 게임을 만들어 개발자가 되기도 하니까 그 안에서 모든 것이 이루어지고 있다고 볼 수 있다.

9 　로블록스 한국 홈페이지 https://corp.roblox.com/ko/

지금 시점에서는 미래의 메타버스에 가장 근접한 회사? 공간? 서비스? 이중 어느 하나라고 명확히 정의하기 힘든데, 심플하게 미래의 메타버스에 가장 근접한 '메타버스'라고 보는 것이 맞을 듯싶다.

특히 로블록스는 미국 10대들의 절반 이상이 사용하고 있다는 기사를 본 적이 있다.

2020년 코로나19의 확산으로 학교를 가지 못하게 된 학생들 사이에서 인기를 끌기 시작했다. 2020년 기준 미국 10대들의 로블록스 접속 시간은 평균 156분으로, 유튜브 54분, 인스타그램 35분을 큰 격차로 뛰어넘었다.

여기에서는 게임 아이템 구입 등 모든 거래가 로벅스Robux라는 자체 디지털 화폐로 이루어지고 있다. 로벅스의 2021년 1분기 거래액은 6억 2350만 달러한화로 대략 7천억 원였다.

제페토나 로블록스와는 접근 방식이 조금 다르지만 'Earth 2'라는 사이트는 전 세계를 온라인에 그대로 구현하여 가로 세로 10m 크기의 타일로 지구촌 땅을 나눠서 사람들에게 판매하는 가

Earth2 홈페이지

상의 부동산 서비스를 하고 있어 화제이다.

　여기서는 전 세계 유명 도시와 대표 유적지들을 구매할 수 있고, 워싱턴과 뉴욕, 북미, 파리와 로마 등의 유럽, 한국의 서울 등 전 세계, 각 도시의 땅을 구매할 수 있는데, 유명 지역들은 이미 1년 만에 가격이 수십 배씩 올랐다고 한다. 지금도 'Earth 2' 사이트에 가면 사람들이 이미 구매한 자신의 가상 부동산을 사고파는 것을 볼 수 있다.

실제로 한 국내 사용자는 작년 12월 'Earth 2'에서 반포 아크 로리버파크를 포함해 강남땅을 8만 원어치 샀는데 현재 그 가격이 400만 원 가까이 올랐다고 한다.

메타버스 산업 규모는 2020년 기준 1900억 달러 우리 돈 220조에서 2025년 2800억 달러로 325조 원 규모까지 성장할 것으로 전망되고 있다.

애플은 미국의 VR 콘텐츠 스타트업 'Next VR'을 인수했고, 구글은 캐나다 AR 글라스 기업 'North'를 인수했다. 페이스북은 VR 게임사 'Sanzaru Games'을 인수했다.

우리나라 기업들도 부지런히 움직이고 있는데 삼성은 미국의 AR 기업 'DIGILENS'에 투자했고, 엔씨소프트는 엔터 플랫폼 '유니버스'를 출시했다.

또한 넥슨은 신개념 놀이 플랫폼 '페이스 플레이' 프로젝트를 발표하고 인력 확충에 나섰으며, 카카오 게임즈 자회사인 프렌즈 게임즈도 메타버스를 포함한 새로운 시도를 계속해 나가는 중이다.

뇌 과학자들이 말하길 현재에도 사람의 뇌는 이미 메타버스를 경험하고 있다고 한다. 우리가 보고 듣고 만지는 감각은 뇌로 전달되는 신호에 의해 반응을 하는 것이기 때문이다.

흔히들 착각하는 것 중에 하나가 우리가 느끼는 촉감이나 보는 시각 등은 인간의 엄청난 능력이라 생각하고 그것에 대단한 의미를 부여하고 있는데, 과학자 입장에서는 뇌가 그렇게 느낄 수 있는 신호를 받아 전달해 주는 것뿐이라는 얘기다.

그렇기에 일론 머스크의 뉴럴 링크 개발 소식은 한편으로는 무섭지만 한편으로는 기대가 될 수밖에 없다.

지금은 화면 안에서의 메타버스만 경험할 수 있지만, 미래에는 메타버스에서 정말로 현실 세계에서 느꼈던 모든 것을 그대로 느끼면서 생활을 할 수 있을 것이다. 즉 영화 '매트릭스'가 현실이 된다는 이야기이다.

이런 상황 속에서 NFT가 주목을 받는 이유는 메타버스 안에서 일어날 경제 활동의 중심 역할을 NFT가 할 것으로 전망되고 있기 때문이다.

디지털 자산에 가치를 부여하는 흐름에 따라 메타버스와 게임에 관심이 큰 MZ 세대를 중심으로 유사한 디지털 가상 환경을 제공하던 게임산업, 그리고 소유권과 희소성에 가치를 부여하는 예술 산업에서 NFT가 확장되고 있다.

한 마디로 메타버스와 NFT는 뗄 수 없는 관계라고 볼 수 있다. 따라서 메타버스에 자본이 몰리는 것처럼 NFT에도 지금 이 순간에 수많은 자본이 몰리고 있다.[10]

그리고 그러한 환경에 익숙한 MZ 세대를 중심으로 미술, 음악 등 예술 분야에 대한 획기적인 인식 변화와 그것들을 활용하는 재테크까지 새로운 문화 생활이 시작되고 있다.

10 NFT, 메타버스 시대로 가는 첫 발판, Hexlant Research, 최지혜, 하제훈

NFT
ART

Chapter.3

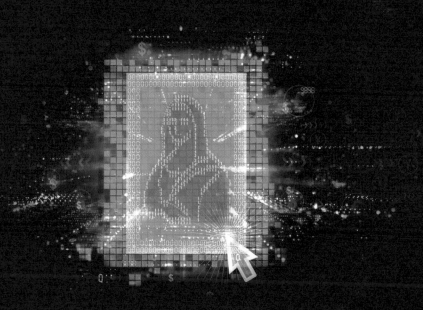

미술 시장의
변화 1

지금까지 NFT의 흐름과 메타버스에
대해서 간략하게 알아보았다. 눈치가
빠른 사람은 알아챘겠지만, 이 두 가지의
키워드가 이렇게까지 열풍이 된 이유는
결국 자본의 목적지가 NFT와 메타버스로
향하고 있기 때문이라고 볼 수 있다.
그간 경제적 관점에서 봤을 때 그 파이가
상대적으로 작았던 '미술'의 입장에서는
이제 역사상 최초로 '미술 시장'이 '자본
시장' 전체의 주인공이 될 수도 있는
기회이기에 흥분하지 않을 수 없는
상황이다.
미래를 예측하기 위해 과거에서
그 힌트를 찾아야 함은 당연하다.
그러므로 이번 챕터에서는 미술 시장의
관점에서 보는 미술사에 대해 알아보고,
미래를 예측해 보고자 한다.

● 미술의 가치를 알아보는 안목 _미술사

　　우리는 보통 15세기 무렵부터 시작된 르네상스 시대를 학문적으로 정리된 미술 사조의 출발점이라고 본다. 물론, 르네상스가 미술사의 시작은 아니다. 하지만, 처음부터 이야기하자면 BC 25,000~20,000년경으로 추측되는 '빌렌도르프의 비너스'까지 거슬러 올라가야 하니, 여기서는 르네상스 시기부터 알아보는 것으로 하자.

● 르네상스

미술사를 말할 때, 레오나르도 다 빈치, 미켈란젤로 등으로 대표

되는 르네상스 시대를 누구나 한 번쯤 들어봤을 것이다. 르네상스 시대라 함은 미술로만 이야기하는 것은 아니고, 이를 포함한 학문과 예술 전반에 걸친 문화 부흥 시기를 지칭한다.

르네상스는 학문 또는 예술의 재생, 부활이라는 의미인데, 프랑스어의 renaissance, 이탈리아어의 rina scenza, rinascimento 에서 그 단어가 탄생했다. 고대의 그리스, 로마 문화를 중심으로 학문과 예술을 부흥시킴으로써 새 문화를 창출해 내려는 운동으로, 그 범위는 사상, 문학, 미술, 건축 등 다양하다.

이 문화 부흥 운동은 14세기 후반부터 15세기 전반에 걸쳐 이탈리아에서 시작되었다는 것이 통설인데, 점차 프랑스, 독일, 영국 등 서유럽 지역에 전파되어 각각 특색 있고 의미 있는 문화를 형성하였으며 근대 유럽 문화의 기반이 되었다.

르네상스를 인간성의 해방과 인간의 재발견, 그리고 합리적인 사유와 생활 태도의 문을 열어 준 근대문화의 시작이라 여기고 이와 같은 해석의 기초를 세운 사람은 스위스 학자 J. 부르크하르트였다.

그는 1860년에 '이탈리아의 르네상스 문화'를 발표했는데, 여기에서 '시대'로서의 르네상스라는 사고방식이 완성되어 지금까지도 그 연구에 큰 영향을 미치고 있다.

그는 르네상스와 중세를 완전히 분리하고 대립된 것으로 여겼다. 그 결과, 근세의 시작은 중세부터가 아닌 고대부터라는 주장을 하였으며, 중세를 정체된 암흑시대라고 비판하였다.

그러나 그 이후의 연구들은 이 주장에 이의를 제기하여 르네상스가 발아한 시점은 고대가 아니라 중세로 보는 것이 합리적이며, 르네상스를 근대적으로 보는 것은 잘못이라는 주장이 나오기도 했다.[11]

이렇게 르네상스 시대가 펼쳐진 배경에는 십자군 전쟁, 100년 전쟁, 그리고 흑사병으로 봉건제도가 붕괴되기 시작하면서 확대된 왕권과 동방 무역으로 부를 축적한 신흥 부르주아 계급의 등장이 있었다.

당시 사람들은 기독교적 속박에서 조금씩 벗어나 인간 중심 세계관으로 이동하면서 다 빈치, 미켈란젤로 같은 천재들을 발굴하고 후원하면서 우리가 알고 있는 르네상스 부흥기를 만들어냈다

---

11 르네상스 Renaissance, 두산백과

고 해도 과언이 아니다.

　대표적인 신흥 부르주아는 메디치 가문인데, 미켈란젤로는 그 후원을 받아서 유명해진 대표적인 조각가이며 화가이다.
　참고로, 이탈리아와 영국이 합작해서 만든 더스틴 호프만Dustin Hoffman과 리차드 매든Richard Madden이 주인공으로 나온 '메디치Medici'란 드라마가 있는데, 이 시리즈 드라마에서 당시 이탈리아 르네상스 시절의 모습을 흥미롭게 관찰할 수 있다. (우리나라에서는 현재 '왓챠'에서 서비스되고 있다.)

　이렇듯, 우리가 알고 있는 당시 르네상스 예술가들은 전부 이런 신흥 부르주아 세력의 후원이 없었다면 존재하지 않았을 것이다.
　당시에도 마찬가지이고 지금도 그렇지만, 예술은, 특히 미술 작품은 여유가 있지 않으면 할 수 없는 분야이기에 부르주아, 그리고 여전히 막강한 권력을 가지고 있는 교황을 중심으로 한 예술적 후원자가 필요할 수밖에 없었다. 이런 후원자와 소비자가 없었다면, 다 빈치의 모나리자를, 미켈란젤로의 피에타를 우리가 볼 수 있었겠는가?

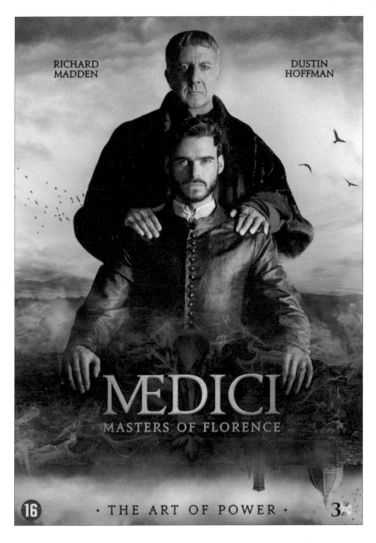

MEDICH 홈페이지

레오나르도 다 빈치,
살바토르 문디, 1490~1500

최근에 최고가 그림인 '살바토르 문디Salvator Mundi'가 화제가 된 적이 있다. 약 5,000억 원에 거래된 어마어마한 가격도 그렇지만, 작품의 진위 여부가 여전히 논란이고, 이 작품과 관련된 소송까지 겹쳐서 더더욱 기사가 많이 나왔다. 해당 작품을 그린 작가는 바로 르네상스의 대표 화가 레오나르도 다 빈치이다.

• 바로크

바로크는 서양 예술사에서 시대를 구분하는 용어이자 예술 사조이다. 어원은 '비뚤어진 모양을 한 기묘한 진주'를 뜻하는 포르투갈어 barroco 또는 프랑스어 Baroque에서 유래했다고 전해진다.

barocco라는 이탈리아어에서 나왔다는 이야기도 있는데, 그 뜻은 왜곡된 삼단논법, 혹은 불협화음으로 인한 비정상적인 소리를 의미한다.

바로크의 예술적 양식은 르네상스 이후 17세기에서 18세기에 걸쳐 서양의 미술, 음악, 건축에서 두드러지게 나타나고 있다.

바로크는 로마를 시작으로 오스트리아, 독일, 스페인으로 전파됐으며 심지어 남아메리카까지 확대되었다. 아마도 스페인이 아메리카 대륙을 발견한 것과 관련이 있는 게 아닌가 싶다.

이 사조는 반종교개혁의 대표적인 표현 방식이 되어 변화를 모색하는 가톨릭 국가에 신선한 바람을 일으켰다. 또한 화려하고 호사스러운 의식을 예술품들로 장식하는 귀족들의 자기 과시 수단이 되기도 하였다.

바로크는 르네상스의 조화, 균형, 완결성에 풍부함과 화려함을 더했다. 그런 이유로 건축에서는 거대한 양식과 곡선의 자유로운 활용 그리고 접합 부분의 유연성을 보여주었고, 조각에서는 동적인 자태와 다양한 복장 표현 등 그 특색을 유감없이 보여주었다.[12]

바로크 시대의 미술은 다른 사조와 다르게 음악, 건축 분야에서 그 특징을 쉽게 찾아볼 수 있다. 하지만, 바로크 시대의 특징이라 할 수 있는 것은 카아로스쿠로[13] 기법이라 불리는 빛과 어둠의 대비를 극대화한 점이다.

그 시작은 이탈리아의 카라바조라 할 수 있고, 상업의 발전으

---

12 바로크 미술 Baroque art, 두산백과
13 키아로스쿠로는 이탈리아어로 '명암'이란 의미이고, 키아로(chiro=light)와 오스쿠로 (oscuro=dark)의 합성어로 미술에서는 명암법, 명암 효과를 말한다.

로 당시 골든 에이지 시기라 불렸던 17세기 네덜란드의 루벤스, 렘브란트가 그 중심이 되었다. 또한 스페인에서는 벨라스케스를 예로 들 수 있다.

그 시기의 네덜란드는 다른 유럽 국가와 다르게 비교적 빨리 왕이나 귀족이 아닌, 상업으로 부를 쌓은 부르주아 계급이 태동하던 나라였으며 성공한 상인들을 위한 초상화의 수요가 많았다.

이미 이름이 널리 알려졌고, 초상화 작품이 다른 화가들에 비해 유독 많았던 렘브란트가 성공을 할 수밖에 없었던 시대였거나, 또는 그 수요가 많았기에 렘브란트가 초상화를 많이 그려야 하는 상황이었을지도 모른다.

약간의 과장을 더한다면 지금 우리가 알고 있는 렘브란트의 작품들은 미술 시장의 흐름이 낳은 상업 화가[4]의 작품이라고 봐도 무리가 없을 듯하다.

비슷한 시기 스페인에서는 벨라스케스가 또 다른 역사를 만들고 있었다. 그는 대표적인 왕정 화가였으므로, 그의 모든 작품은

---

14 2021년 기준으로 '상업 화가'를 비판적인 시선으로 본다는 것은 어쩌면 촌스러운 사고방식이 아닌가 생각해 본다.

벨라스케스, 펠리페 4세의 입상,
Oil on canvas, 198 x 101.5cm, 1623(1628년 수정),
@프라도 미술관, 마드리드

스페인 왕의 소유라고 봐도 무방했다.

벨라스케스가 태어났을 때의 스페인은 16세기 내내 번창했던 유럽 제패 황금시대의 끝자락에 있었다. 15세기 말 신대륙의 발견으로 스페인 제국에는 엄청난 부가 쌓이고 인구가 늘어났으며, 스페인 왕의 지배력은 포르투갈, 네덜란드, 이탈리아 일부와 신대륙까지 미쳤다.

1621년, 펠리페 4세가 열여섯의 나이로 스페인 왕위에 올랐고, 그로 인해 왕이 열 살 때부터 스승이자 조언자 역할을 했던 세비야 출신 올리바레스Olivares 백작은 스페인 최고의 권력자가 되었다. 많은 세비야 지식인들이 공직을 얻고자 마드리드를 향했고, 1622년에 벨라스케스도 스승의 권유로 마드리드에 가서 백작을 만나 초상 화가로서 이름을 알리기 시작했다.

그해에 궁정화가들 중 한 명이 사망하여 자리가 비었고, 1623년에 벨라스케스가 그린 왕의 초상화가 펠리페 4세를 만족시켜 그는 궁정화가Pintor del Rey로 임명된다.

이때부터 사망할 때까지, 두 번의 이탈리아 여행 기간을 제외한 평생 동안 그는 마드리드와 인근의 왕궁들에 거처하며 펠리페 4세의 화가이자 궁정인courtier으로 살게 된다.

당시까지도 스페인에서 화가는 농부, 대장장이와 비슷하게 여겨질 정도로 존경받지 못하는 신분이었다. 돈을 받고 노동력을 판다는 것 자체가 천한 일로 여겨졌다. 신분 문제에 민감했던 벨라스케스가 나중에 '나는 왕의 명령에 의해서만, 그를 기쁘게 하기 위해서만' 그림을 그렸다고 진술한 것도 이런 맥락 안에 있는 말이 아닌가 싶다.

이렇듯 일반적인 부르주아들과는 달리 엄청난 권력과 부를 가지고 있었던 스페인 왕의 신뢰와 후원으로 벨라스케스는 후대에 막대한 영향력을 끼치는 화가가 되었다. 이것은 벨라스케스가 미술 시장 그 너머에 있는 절대적 시장 속에 존재했다고 볼 수 있는 대목이다.

사실, 1819년에 왕가의 컬렉션을 기반으로 한 프라도 미술관이 대중에게 개방되었는데, 그 전까지는 왕족을 제외한 그 누구도 벨라스케스를 비롯한 왕정 화가들의 작품을 볼 수 없었다.

물론, 그 이후 스페인의 또 다른 왕정 화가인 고야는 벨라스케스의 작품을 맘껏 볼 수 있었고, 그도 벨라스케스처럼 왕의 후원을 받아 역사적인 작품을 많이 남길 수 있었다.

• 로코코

로코코는 17세기 바로크 미술과 18세기 후반부터 시작된 신고전주의 미술 사이에 유행한 유럽의 미술 사조이다. 로코코라는 말은 프랑스어의 로카유rocaille(조개무늬 장식, 자갈)에서 유래했다.

원래는 당시 귀족사회의 생활을 미화하기 위하여 고안된 장식 양식 또는 공예품에 대하여 쓰인 말이었으나, 나중에는 당대의 프랑스 미술, 더 나아가 유럽 미술 전반에 걸친 새로운 양식을 뜻하는 개념이 되었다.[15] 하지만, 전반적으로 로코코는 18세기 프랑스 파리의 귀족층을 중심으로 한 장식성이 강한 미술 경향을 말한다.

바로크가 지녔던 충만한 생동감이나 장중한 위압감이 로코코에서는 세련미나 화려하고도 유희적인 분위기로 바뀌었는데, 다시 말하면 바로크가 남성적인데 반해 로코코는 여성적, 감각적이라고 할 수 있다.

프랑스는 1715년 태양왕이라 불리던 루이 14세가 죽고, 어린 루이 15세를 대신해 오를레앙의 필립 공작이 통치하는 섭정기를

---

15 로코코 미술 Rococo art, 두산백과

자크 루이 다비드, 나폴레옹 황제의 대관식,
Oil on canvas, 621 x 979cm, 1805~1807, @루브르 박물관

들라크루아, 민중을 이끄는 자유의 여신,
Oil on canvas, 260 x 325cm, 1830,
@루브르 박물관

맞이하게 되었다. 오를레앙 공은 왕의 궁정을 파리로 옮겼고, 귀족들도 왕과 공작을 따라 파리로 돌아왔다.

그들은 영향력과 권위를 과시하기 위해 새 저택을 짓고 실내를 꾸미는 데 열중했으며, 지성과 부를 갖춘 상류 시민 계급은 예술 애호가로서 미술을 연구, 비평하고 수집하는 역할을 했다. 이때부터 미술 평론이라는 새로운 장르가 생겨났다고 알려져 있다.

어떤 시각에서 봤을 때 이것은 지금과 유사한 면도 있다고 볼 수 있는데, 어쨌든 당시 프랑스 로코코 미술은 이렇게 발전해갔다.

● 신고전주의와 낭만주의
화려함과 우아함의 극치라고 비판을 받기도 했던 로코코 미술과 그 상징 같은 프랑스 귀족들의 사치와 향락 문화는 프랑스 대혁명으로 인해 불꽃처럼 사라져갔다.

그리고 그 혼란 속에서 황제가 된 나폴레옹은 다시 강력한 프랑스를 건설하고자 혁명을 통한 도덕, 규범, 이성, 논리 등의 계몽주의와 고대 그리스 로마에 대한 향수, 그리고 자신의 권위를 위해 엄숙, 장엄, 이성적인 고전적 취향을 강조할 수밖에 없었다.

그 결과 자연스레 신고전주의가 탄생했고, 그가 총애하던 자크 루이 다비드는 신고전주의의 대표 화가가 되었다.

앞의 그림(88-89쪽) '나폴레옹 황제의 대관식'의 엄청난 사이즈와 작품의 내용을 보면, 길게 설명하지 않아도 다비드가 유명해진 이유와 결국 권력의 아래에 있는[16] 미술의 현실을 냉정하게 발견할 수 있을 것이다.

신고전주의는 로코코와 후기 바로크에 대한 반동으로 고전 고대에 대한 새로운 관심과 더불어 18세기 말부터 19세기 초에 걸쳐 프랑스를 중심으로 유럽 전역에 나타난 예술 사조이다. 이는 고전적인 모티브를 많이 사용하고 고고학적 정확성을 중시하며 합리주의적 미학에 바탕을 두었다.

신고전주의 예술은 형식의 통일성과 조화로움, 표현의 명확성 등 형식과 내용의 균형을 중요하게 여겼으며, 특히 미술에서는 엄격하고 균형 잡힌 구도와 명확한 묘사, 입체적인 형태의 완성 등을 무엇보다 우선시하였다.[17]

---

16 그 권력이란 것이 우리가 생각하는 정치적 권력인지 말 그대로 그것을 통해 나온 돈인지 구별이 가지 않는다.
17 신고전주의, 세계미술용어사전, 1999, 월간미술

낭만주의는 속어로 쓰인 문학 작품을 의미하는 중세 프랑스어 'romanz'에서 유래하였으며, 18세기 말에서 19세기 중엽까지 유럽 전역에 유행한 예술 사조이다.

낭만주의로 분류되는 미술 작가들은 직관과 감성, 상상력을 발휘하여 색채와 분위기를 중시하는 동시에 인간 이성의 한계를 벗어난 초월적인 숭고의 미, 또는 중세적이고 이국적인 주제를 표현하고자 했다. 흔히 서양미술사에서 낭만주의는 신고전주의에 대한 반발로 등장한 미술 사조라고 소개된다.

그러나 애초부터 이 두 개의 미적인 경향이 서로 구분되어 대립적으로 발전한 것은 아니었다. 사실 뿌리로 따지자면 신고전주의와 낭만주의 미술은 17세기 후반부터 유럽의 사상적 토대를 형성해온 계몽주의에서 만나게 된다.[18]

이 두 미술 사조는 시기적으로 봤을 때 신고전주의가 조금 빠르기는 했지만, 결국 동시대에 존재했던 사조였다.

그리고 낭만주의는 인상주의에 많은 영향을 주었던 사조이기도 했다.

18 사조와 장르, 이민수, 2010. 12. 17

에두아르 마네,
풀밭 위의 점심 식사,
Oil on canvas,
208 x 264.5cm,
1863,
@오르세 미술관

낭만주의 대표 화가 들라크루아의 작품(90쪽)은 1831년 프랑스 살롱전에 출품되었지만, 당시에는 심한 비난을 받았다.

작품 내용은 1830년 7월 혁명을 묘사한 것인데, 바로 그 혁명을 통해 탄생된 신정부에 의해 구매되었고, 민중의 바람을 상기시키려는 목적으로 왕궁에 걸렸다.

인상주의로 넘어가기 전에 간략히 정리해보자면, 르네상스 시대에는 교황의 권력이 절대적이었고, 그 아래 지역 유지들이 왕처럼 권력을 나누었다.

종교 개혁 이후, 비로소 각 나라의 부와 권력은 왕에게 집중됐다. 물론, 17세기 이후, 네덜란드는 다른 유럽과는 조금 달랐지만, 대체로 이 시기까지 우리가 주목할 만한 미술 시장이라는 것이 존재하기 힘들었다.

미술은 왕의 권력을 보여주기 위한 하나의 도구일 뿐이었고, 귀족들은 그것을 따라 하기 바빴다. 미술은 돈을 벌기 위한 수단이라기보다 부자들의 부를 뽐내는 장식품이었다. 따라서 이 당시에는 미술로 재테크를 한다는 개념은 거의 없었다고 볼 수 있다.

• 인상주의

인상주의는 19세기 후반에서 20세기 초 프랑스를 중심으로 나타난 예술 사조로 신고전주의의 전통적인 기법을 거부하고 색채, 색조, 질감 자체에 관심을 둔다. 인상주의 사조의 가장 큰 특징 중 하나는 화가가 작품 속에서 빛과 함께 시시각각으로 움직이는 색채의 변화를 통해 자연을 묘사하고, 컬러의 순간적 효과를 이용하여 눈에 보이는 세계를 상대적으로 정확하고 객관성 있게 기록하려 했다는 점이다.[19]

한 비평가는 인상주의를 "풍경 자체가 아니라 풍경이 탄생시킨 '감각'을 묘사했다."라고 이야기했다. 인상파 화가들은 감각이란 것을 개념적인 것으로 이해했고, 감각의 실체는 인간의 내면에 존재한다고 생각했다. 그리고 그것을 캔버스에 표현했다.

이것은 작가 개인의 주관적인 철학에서 비롯된 것이었기에 어떤 평론에서는 인상주의를 현대미술의 시작으로 보기도 한다.

현재 인상주의 작품은 가장 아름답고, 우리가 막연하게 생각하

---

19 인상주의impressionism, 두산백과

기에 가장 미술다운 미술이라고 느끼지만, 19세기 중 후반에 당시 젊은 작가들인 마네, 모네, 피사로, 르누아르, 드가, 세잔, 고갱, 반 고흐 등 인상파 화가들의 작품은 극단적인 아방가르드를 표방하는 것처럼 보였다. 당시 기준에서는 여전히 이해할 수 없는 화풍을 가지고 있었기 때문이었다.

물론, 19세기 후반으로 갈수록 인상주의는 프랑스 파리와 유럽을 대표하는 사조로 자리 잡기 시작했지만, 인상파 젊은 작가들이 그들의 작품 판매만으로 생활을 유지하는 것은 여전히 힘들었다.

이후 인상주의가 서양 미술의 주류로 떠오를 수 있게 해준 것은 의외로 미국인들이었다. 초기 인상주의 화가들의 삶에 생활고가 항상 따라다니고 있을 정도로, 인상주의 작품은 도발적 화풍으로 인한 화제성만 몰고 다녔을 뿐 제대로 팔리지 않았다.

한편 동시대 바다 건너 미국은 경제가 급성장하여 많은 신흥 갑부가 탄생하였고, 이들은 자신을 과시하기 위해 미술품을 사들이고자 하였다. 하지만 당시 미국 미술계는 전반적으로 수준이 낮았고, 이 때문에 미국의 부자들이 유럽으로 미술품 쇼핑을 하기 위해 몰려들었다.

이때 미국인들의 눈에 들어온 것이 당시 유럽 미술계에 화제가 되고 있던 인상주의 작품들이었으며, 미국 졸부들이 앞다투어 그것들을 구입해 가면서 인상주의 작품들이 큰 성공을 거두게 되었다.

예를 들어 생애 초반에 고생을 했던 모네는 말년에 미국에서의 인기 덕분에 부유한 생활을 할 수 있었다. 이러한 미국 시장에서의 성공 때문에 지금도 주요 인상주의 작품의 상당수가 유럽이 아닌 미국에 있다.[20]

19세기 중반 이후, 영국에서는 산업 혁명이 일어났고, 프랑스에서는 민주 정치가 실시되었다. 미술의 중심지라 할 수 있는 프랑스에서는 더 이상 왕권만이 미술 작품을 구매할 수 있는 절대적 구매자가 아니었다.

이때부터 미술 시장은 돈이란 절대 권력을 가지고 있는 부르주아, 신흥 부자들에 의해 흘러가기 시작했다.

이것은 인상주의가 처음 나오고, 150년이 더 지난 2020년까지도 마찬가지였다.

---

20 인상주의, 나무위키, https://namu.wiki/w/인상주의#fn-1

클로드 모네, 수련(Water-Lilies), 200 x 427cm,
1920~26 @National Gallery, London

NFT
ART

Chapter .4

미술 시장의
변화 2

20세기가 되고, 후기 인상주의 작가
중 폴 세잔의 영향을 받은 피카소와
브라크의 입체파가 등장했다. 그동안
재현의 역할을 담당하던 미술은 그
영역을 확장하기 시작했고, 1917년
마르셀 뒤샹의 '샘'이란 작품이
나오면서 당시 사람들이 가지고
있던 미술의 패러다임이 무너지기
시작했다. 그런데 프랑스 작가인
뒤샹의 작품 '샘'에 관련된 스토리는
프랑스가 아닌 미국에서 벌어졌던
사건이었다.

자신의 작품 '샘' 앞에 앉아 담배를 피우고 있는 뒤샹, 1917

● **미술의 가치를 알아보는 안목 _미술 시장**

1917년, 유럽은 제1차 세계대전 중이었고, 뒤샹은 전쟁을 피해 미국에서 활동을 하고 있었다. 당시 뒤샹뿐 아니라 전쟁을 피해 미국으로 갈 수밖에 없었던 작가들이 적지 않았다.

유럽과 떨어져 있는 대륙이란 점에서 미국으로 간 이유도 있었 겠지만, 사실상 20세기가 되면서부터 미국은 점점 경제 강국으로 변모해가고 있었다.

특히 제1차 세계대전은 미국에게 경제적으로 엄청난 기회였 고, 실제로 전쟁에도 참여했다. 이로 인해 전쟁의 승리자는 미국 산업과 월스트리트라고 이야기하는 사람이 있을 정도였다.

그 결과 전 세계 자본은 유럽에서 미국으로 넘어갔고, 최고의 도시란 타이틀도 파리에서 뉴욕으로 넘어갔다. 이 사실은 미술 시장의 주도권은 이제 미국, 그중에서도 뉴욕이 가져갔다는 것을 의미했다. 당시 유럽을 이끌던 인상주의 작품들은 미국에서 엄청나게 팔렸다.

반 고흐, 마네, 모네, 르누와르 등등 이름만 들어도 쟁쟁한 역사적인 화가들에게 미국의 자본이 없었다면 지금 우리는 그들의 작품을 보면서 감동을 할 수도, 그들의 이름을 알지도 못 했을 가능성이 높았을 것이다.

그리고 미국이 패권을 가져가기 직전인 1913년 미국 최초의 대형 전시이자 아트페어인 아모리 쇼가 뉴욕의 한 무기고에서 시작됐다.

• 아트페어

1. 아모리 쇼 (Armory Show)

아모리 쇼는 1913년 2월 17일부터 3월 15일까지 뉴욕 렉싱턴가 26블록의 제69연대 무기고에서 시작되었다. 이 쇼는 사실적 예술에 익숙한 미국인들에게 입체파와 야수파 등 유럽 아방가르드 작품을 소개하면서 미국 미술사에 중요한 사건이 되었다. 아모리 쇼는 미국의 예술가들에게 자극을 주었고, 그들만의 예술적 언어를 가질 수 있는 촉매 역할을 하였다.

가장 악명이 높은 뒤샹의 누드 작품 등 57개 작품 엽서가 발간되었고, 그것은 바로 화제가 되었다. 일종의 노이즈 마케팅 같은 이 홍보 방식은 당시에도 호평을 받았다고 한다. 하지만 뉴스 보도와 평론에서는 돌팔이, 정신이상, 부도덕, 무정부 상태라는 원색적 비난이 쏟아졌다. 심지어 당시 미국 대통령이었던 시어도어 루스벨트Theodore Roosevelt는 "그건 예술이 아니야!"라고 이야기했을 정도라니, 미국 사람들의 충격이 이만저만한 것이 아니었던 것 같다.

마르셀 뒤샹Marcel Duchamp의 입체파 스타일인 이 작품은 마치 영화처럼 연속적으로 중첩된 이미지를 통해 움직임을 표현한 작품인데, 미술 평론가 줄리안 스트리트 역시 이 작품을 비난했고, 당시 만화가들은 이 작품을 풍자했다. 뉴욕 이브닝 선Evening Sun의 작가 그리스월드J. F. Griswold는 이 작품 제목에서의 'Nude'를 'Rude'

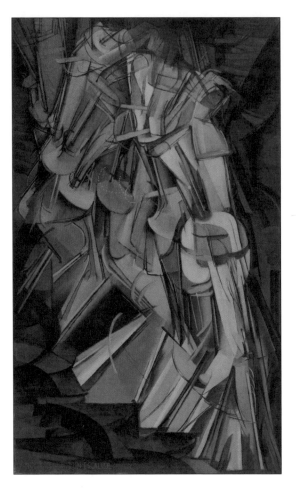

뒤샹, Nude Descending a Staircase, No. 2,
Oil on canvas, 147 x 89.2cm, 1912,
@ Philadelphia Museum of Art

로 바꾸고, "무례하게 계단을 내려가는 것_{지하철 러시아워}"이라는 제목을 붙여 서양 사람들이 좋아하는 언어 유희로 작품을 비난했다.

하지만, 결국 이 작품은 프레드릭 C_{샌프란시스코의 국회의원}에 의해 거래가 되었고, 뒤샹의 초기작으로 미술사에 영원히 남은 작품이 되었다. 뒤샹은 그 후에 이때 이 작품을 판 돈으로 미국으로 갈 수 있는 비용을 마련했다고 회고했다.

결국, 미국의 첫 아트페어인 아모리 쇼는 20세기 초 미국 사람들이 이해할 수 없는 최신의 유럽 작품으로 시작되었고, 떠들썩했던 사건 이후 지금까지 100년이 넘게 세계 3대 아트페어로 남았다. 이렇게 어렵게 시작된 아모리 쇼가 없었다면, 서양 미술사를 통틀어서 최고의 개혁 또는 미술의 완벽한 패러다임 변화로 평가되는 뒤샹의 '샘'이 나올 수 있었을까?

2. 아트 바젤 (Art Basel)

아트 바젤은 스위스 바젤에서 매년 6월에 열리는 세계 최대 아트페어이다. 1970년 갤러리스트 에른스트 비엘러, 트루들 브루크너, 발즈 힐트에 의해 시작되었다. 창립 1년 차에는 10개국을 대표하는 90개 갤러리가 참여했고, 미술 출판사 30곳도 참여했다.

관람객은 16,000여 명이었는데, 5년 뒤인 1975년에는 21개국 300여 개 갤러리가 참여했고, 37,000명의 관람객이 다녀갔다.

참고로 코로나가 시작된 2020년 제50회 아트 바젤은 처음에 9월로 연기되었으나, 이후 많은 딜러들의 여행과 안전에 대한 우려 때문에 다른 모든 이벤트처럼 결국 취소되었다.

아트 바젤은 2002년 미국 플로리다 마이애미비치에서도 아트 페어를 시작하면서 그 영역을 확장시켰다. 또한 2008년에는 아시아 미술 시장의 확대를 위해 홍콩을 거점 도시로 삼아 상륙했고, 많은 투자자들의 관심을 불러일으켰다. 특히 '아트 바젤 홍콩'은 참여 갤러리와 관람객 수 그리고 판매 금액 면에서 어느 순간 스위스 바젤에서 열리는 아트페어를 넘어섰다는 소식이 들렸다.

아무래도 홍콩이 가지고 있는 지역적 특성과 더불어 뉴욕, 런던 같은 금융 도시이기에 그런 것이 아니냐는 분석이 이어졌다.

홍콩에서도 역시 2020년에는 취소가 되었지만, 2021년 아트 바젤 홍콩은 매년 3월에 개최되던 것과 다르게 5월에 열렸고, 참여 갤러리가 1/3로 줄었음에도 코로나 팬데믹 국면이기에 더더

욱 많은 미술 애호가들에게 관심을 받았다.

특히, 예전처럼 쉽게 해외를 오갈 수 없는 상황이기 때문에 이번 아트 바젤 홍콩에서는 '위성 부스'라는 것도 아트페어 최초로 도입되었다. 코로나 팬데믹 때문에 홍콩 방문이 어려운 해외 갤러리들이 본국의 작품을 아트페어 장소로 보내고, 아트 바젤 홍콩에서 고용한 딜러가 관람객에게 작품을 설명하는 형식이다.

게다가 해외 갤러리들이 온라인으로 홍콩의 관람객에게 직접 작품을 설명할 수 있는 시스템을 마련하고, '아트 바젤 라이브: 홍콩'이란 라이브 스트리밍 방식으로 현장을 실시간 중계하거나 해외 VIP를 위한 큐레이토리얼 투어 등도 다채롭게 준비함으로써 코로나 팬데믹 시대에 맞게 기존과는 다른 방식으로 어려움들을 조금이나마 해결했다는 평을 받았다.

또한, 세계 3대 아트페어답게 2021년 최대 화두인 NFT 작품도 선보였다. 한국의 PKM 갤러리 소속의 코디 최는 'Animal Totem Series'라는 작품을 출품했고, 그 가격을 7만 이더리움^{한화} 로 대략 2,000억 원으로 책정하여 시장에 내놓은 행위를 '실체 없는 NTF 시장에 대한 풍자'라고 밝혔다. (코디 최의 작품으로는 2,000억 원이

- 아트 바젤 홍콩 모습
- 코디 최, Animal Totem Series, 2021
  출처 : https://opensea.io/collection/cody-choi-database-painting

엄청난 금액이지만 이미 그 금액을 넘어선 작품들이 2021년 3분기부터 나오기 시작했다.)[21] 그럼에도 예술은 계속된다.

지난 5월에 개최된 이벤트라 이런 작가들의 NFT에 대한 비판적인 시선이 존재했지만, 불과 6개월 뒤인 지금 수많은 미술 작가들이 NFT 작품을 판매하고 있다. 항간에는 이러한 조류를 비판했던 미술 작가들마저도 시대의 흐름을 좇아가지 않을 수 없기에 뒤늦게 NFT 작품을 준비 중이라는 후문이다.

3. 프리즈 아트페어 (Frieze Art Fair)
프리즈 아트페어는 2003년, 현대 미술 잡지 '프리즈Frieze'의 발행인인 어맨다 샤프와 매슈 슬로토버가 창설했다. 세계 시장을 선도하는 영국 메이저 갤러리들이 주축을 이루기 때문에 세계 미술 시장을 선도한다고 해도 과언이 아니다.

게다가 테이트Tate 미술관의 기금 등 공공 지원까지 받고 있기에 세계 현대 미술 흐름에 큰 영향력을 미치고 있다.[22]

특히 프리즈 아트페어는 특별 선정된 작가들의 프로젝트, 토크

---

21 W Korea 7월 호
22 한겨레 2020년 9월 4일 기사, 세계 미술계 3대 아트페어 '프리즈' 한국 온다

프로그램, 작가 주도의 교육 일정도 포함되어 있었기에 다른 아트페어와 차별점이 뚜렷했다.

물론, 지금은 다른 아트페어도 프리즈와 비슷한 이벤트를 하기에 프리즈만의 특징이라고 볼 수는 없지만, 아트페어의 변화를 선도한 것은 틀림없다.

오리지널 프리즈 아트페어라고 볼 수 있는 '프리즈 런던'은 매년 10월 런던 리젠트 파크Regents' Park에서 열린다. 미국에서는 2012년부터 뉴욕 랜들스 아일랜드에서 열리고 있으며, 2019년 2월부터는 LA에서도 열리고 있다.

처음 프리즈 아트페어가 시작되었을 때만 해도 여타 아트페어처럼 미술 작품 판매의 목적이 강했다. 하지만 위에서도 이야기한 것처럼 여러 이벤트를 통해서 현대 미술을 즐기는 전시회 또는 규모가 큰 미술 박람회 성격으로 변모하여 관람객의 80% 정도가 작품의 구매보다는 순수하게 관람을 하기 위해 프리즈에 온다는 조사도 있었다.

게다가 2005년도까지는 판매 수치를 공개했지만, 그 이후부터 그것을 공개하고 있지 않다. 프리즈 측에서 '아트페어미술 시장'라는 단어가 가지고 있는 부정적 뉘앙스 때문에 거부감을 가지고 있는

- 프리즈 아트페어
- •• 프리즈 공식 홈페이지에 올라와 있는 '프리즈 서울'

것이 아닌가 하는 의문이 들기도 하며, 자기모순에 빠진 거 같다는 생각도 지울 수 없다.

그래서인지 2019년부터 공식적인 명칭은 프리즈 아트페어가 아닌 'Frieze London'처럼 '프리즈'란 이름과 지역명만으로 이 행사를 홍보하고 있다.

2020년 봄, 한국의 대표적 국제아트페어인 키아프 아트서울KIAF ART SEOUL이 프리즈와 협업을 하여 2022년부터 '프리즈 서울Frieze Seoul'과 함께 개최한다는 기사가 나오기 시작했다.

키아프 서울이 사라지고 '프리즈 서울'로 대체된다는 소문도 있지만 2022년 9월 2일부터 5일까지 키아프 서울이 매년 열렸던 코엑스 몰에서 개최되는 것이 확정되었다.

이 소식이 알려지자, 한국 미술계에서는 긍정과 부정의 시선이 동시에 쏟아져 나왔다. 우선 장점으로는 세계적인 아트페어가 한국에서 열리기 때문에 한국 미술 시장의 파이가 커진다는 기대이다.

마치 홍콩에서 아트 바젤이 열리면서 홍콩 미술 시장이 급속도로 성장한 것처럼 서울도 홍콩과 유사하게 될 것이라는 희망 섞인 분석이 있다.

또한 아트 바젤과 맞수라고 볼 수 있는 프리즈 입장에서 아시아 시장의 또 다른 거점을 마련해야 하는데, 그것이 서울로 낙점됐다는 점은 한국 미술계뿐 아니라, 한국 문화계 전체 입장에서도 나쁠 것이 없다는 것이다.

BTS와 봉준호 감독, 그리고 넷플릭스의 킹덤, 오징어 게임 등 한국 드라마의 약진과 더불어 시너지 효과를 낼 것이라는 기대이다.

부정적인 의견은 소규모 갤러리와 젊은 작가들 입장에서 대두되었다. 프리즈 서울과 공동 개최하면서 세계적인 갤러리들이 참여하게 되면 안 그래도 신진 작가들의 참여가 쉽지 않은 키아프의 문턱이 더 높아지지 않을까 하는 우려의 목소리가 있다.

그러나 프리즈 서울이 개최되면 프리즈 런던이나 아트 바젤 홍콩처럼 위성 아트페어가 분명히 생길 것이다. 위성 아트페어는 대규모 아트페어 기간에 비교적 근거리에서 열리는 소규모 갤러리들의 아트페어이다. 그렇다면, 오히려 기회가 더 생기지 않을까?

물론, 이것은 막연한 낙수 효과를 기대하는 매우 긍정적인 생각일 수도 있다. 하지만, 지금도 어려운 소규모 갤러리들에게는 미술 시장의 파이가 커진다는 것이 현 상황보다는 더 좋지 않을까 싶다.

물론, 젊은 작가 입장에서는 소규모 위성 아트페어보다는 2021년의 가장 큰 변화인 NFT 시장의 가능성이 훨씬 더 크므로, 이를 강력 추천한다.

4. 키아프(KIAF) 서울

다음으로 한국에서 역사가 가장 깊은 미술 시장인 키아프에 대해서 알아보자. 키아프는 'Korean International Art Fair'의 줄임말로 프리즈 아트페어보다도 1년 먼저인 2002년에 시작됐다. 키아프는 처음에는 '키아프 아트페어'였다가 '키아프 아트 서울'을 거쳐 지금은 '키아프 서울'로 명칭이 바뀌었다.

거기에 2020년에는 코로나로 행사가 취소되었다. 이러한 점에서 볼 수 있듯이 우리나라에서는 규모도 가장 크고 역사도 오래되었지만, 아직은 완벽하게 정착하지 못한 측면이 있다고 할 수 있다.

키아프가 처음 열리고 2007년까지 한국 미술 시장은 급성장했다. 2007년 당시에는 미술 대학교 졸업 전시회에서도 작품이 많이 팔릴 정도로 한국 미술 시장이 호황이었다.

그러나 2008년 미국 발 서브 프라임 모기지 사태 위기 이후,

계속해서 여건이 좋지 않다 보니, 이름도 계속 바뀌고, 아트페어의 신선함과 활기마저도 사라진 상태였다. 거기에 코로나 시국까지 겹쳤으니, 키아프 입장에서는 악재가 계속 쌓인 셈이다.

그러나 2020년 코로나 팬데믹 상황으로 움츠려든 경제가 아이러니하게도 미술 시장에는 유례없는 호황을 불러다 주었다.

그리고 2021년 10월, 2년 만에 개최된 키아프 서울은 역대 최고로 흥행 성적을 거두었다. VVIP 티켓 가격만 30만 원이 넘었음에도 불구하고 엄청나게 많은 관람객과 컬렉터로 키아프 측과 갤러리, 작가 등 모두가 환하게 웃었다는 소식이 들린다.

5. 아트 부산

키아프가 어려움을 겪고 있을 때, 부산에서는 2011년 '아트 부산'이 시작되었다. 아트 부산은 1회부터 젊은 작가들을 소개하는 프로그램인 아트 악센트를 시작했고, 그 이후, 아트페어 특성상 설치 미술 작품에 대한 고민이 있을 수밖에 없었는데, 그것에 대한 표현으로 H1 프로젝트를 진행했다.

최근 2021년 5월 부산 벡스코에서 열린 11번째 아트 부산에서는 한국화 기법으로 현대적인 콘셉트 작업을 하는 젊은 한국화 작가 10인의 전시를 선보였다. 이것은 프리즈가 다른 아트페어와의 차별화를 꾀한 방법 중 하나였는데, 아트 부산이 그것을 현명하게 벤치마킹한 것이다.

그 결과, 이번 아트페어에서는 관람객 8만여 명, 총매출 350억 원이라는 비약적 성장을 일궈냈다. 관람객 수로는 10년 아트 부산 역사상 최대, 매출 규모는 국내 아트페어 사상 최다액을 기록했다.

또한 5월 15일 토요일 오전에는 BTS RM이 아트 부산에 온 걸로 전해지고, 쌈디, 이동휘 등 연예인들도 이 행사에 많은 관심을 가졌다는 기사가 나오며 한층 젊어진 미술 시장의 단면을 보여주었다.

그 밖에도 키아프나 아트 부산보다는 그 규모가 작지만 화랑미술제, 더 프리뷰 한남 등 여러 아트페어가 열리고 있다.

2021년 한국 미술 시장이 코로나 팬데믹 사태의 반사 이익으로 최대 호황을 누리고 있다는 소식이 전해지며 1년 넘게 잠재되어 있던 자본이 미술 시장으로 몰리고 있는 것이 아니냐는 분석까지 이어졌다.

• 옥션 (경매)

영어 단어 '옥션auction'은 사실 라틴어 'augere증가시키다'에서 파생되었다. 이것은 우리가 아는 경매라고 보면 될 것이다.

사실상 미술 시장의 흐름은 세계적인 경매 회사인 소더비와 크리스티가 주도한다고 해도 과언이 아니다. 물론, 모든 미술 작품이 이 두 회사에서 거래되는 것은 아니지만, 이곳에서 거래된 금액이 작품 가격의 기준이 되고, 최고가를 경신했을 때 해외 토픽으로 기사가 나오는 곳도 거의 이 두 회사를 거쳐서이다.

이 두 회사 말고 '필립스'에서도 경매 회사를 운영하고 있지만, 역사나 규모로 봤을 때, 아직 이 두 회사에 미치지는 못 하고 있다.

1. 소더비 (Sotheby's)

소더비는 크리스티와 함께 세계 2대 미술품 경매 회사이다. 물론, 미술품만 취급하는 것은 아니고, 보석, 클래식 자동차, 고서 등 여러 가지 물품을 거래하지만, 현재는 미술 작품 옥션이 가장 활발하게 진행되고 있다.

소더비는 현재 뉴욕에 본사를 둔 영국계 미국 다국적 기업이다.

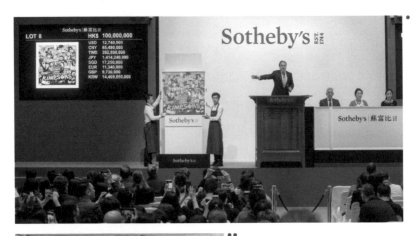

- 소더비 경매 모습, artnews.com_5.24 Sotheby
- •• 피카소, 도라 마르의 초상, Oil on canvas, 128 x 95cm, 1941

1744년, 런던에서 서점 주인인 사무엘 베이커에 의해 설립되어 250년이 넘은 오랜 역사를 가지고 있다. 1767년, 조지 레이그가 파트너가 된 후 이 회사는 베이커 앤 레이그Baker & Leigh가 되었고, 창업주인 베이커가 사망하자 그의 조카 존 소더비가 지분을 물려 받으면서 1778년에 레이그 앤 소더비Leigh & Sotheby로 개명되었다.

처음에 이 곳은 미술품 경매가 주가 아니었다. 서점에서 시작했기에 고서가 주 품목이었으나, 1913년 17세기 네덜란드 화가 프란스 할스의 그림이 9천 기니파운드 이전의 영국 화폐에 팔렸고, 그것이 이 분야에서 그들의 첫 번째 큰 성공이었다.

1917년, 소더비는 웰링턴 13번가에서 뉴 본드 스트리트 34-35번지로 이전했으며, 이 거리는 오늘날까지 런던의 본사로 남아 있다.

2006년 5월 3일에는 소더비가 피카소의 '도라 마르의 초상'을 9,500만 달러에 경매했는데, 이 작품은 당시 경매에서 두 번째로 비싼 작품이 되었다.

이후 2008년 경제 위기로 많은 산업이 타격을 입으면서 미술 시장도 위축되었는데, 국제 수치로 보면 2008년 1분기 미술품 가격이 전 분기 대비 7.5% 하락했다. 2008년 9월과 10월 주요 경매사들은 매출이 급감했다. 미술시장 정보 분야의 세계 선두 주자인 artprice.com에서는 '검은 10월'이라는 용어를 만들 정도였다.

그러나 2019년 5월 14일, 인상파의 거장 '클로드 모네'의 '건초더미'가 1억 1천만 달러 이상에 팔리기도 했고, 앞서 1장에서도 이야기했지만 시대의 흐름에 따라 NFT 플랫폼 슈퍼레어와 협업을 하는 등 미술 시장 내에서 꾸준한 역할을 하고 있다.

2. 크리스티 (Christie's)

크리스티는 1766년 제임스 크리스티에 의해 설립된 영국의 경매 회사이다. 주요 지점이라 할 수 있는 곳은 런던에 있는 세인트 제임스 킹 스트리트와 뉴욕의 록펠러 센터에 있다. 프랑수아 앙리 피노의 지주 회사인 아르테미스 그룹이 소유하고 있다.

1996년에는 1954년 이후 처음으로 판매량이 소더비를 넘어

2017년 11월 15일, 레오나르도 다 빈치의
'살바토르 문디'의 경매 모습

섰다. 그러나 매출은 같은 속도로 증가하지 않았다. 1993년부터 1997년까지 크리스티의 연간 매출 수익은 약 6000만 달러인 반면, 소더비의 연간 전매 수익은 약 2억 6500만 달러였다. 2008년에는 크리스티 또한 위기를 겪었지만 미술 시장이 급속도로 성장해서 2015년 매출은 총 74억 달러에 달했다.

2012년부터는 1980년대 호황기에 시장을 선점했던 인상주의 작품들이 현대 미술로 대체됐다. 일반적인 경매로 얻은 수입이 감소하면서, 2012년 상반기 프라이빗 판매는 6억 6500만 달러를 벌었는데, 이는 작년 같은 기간보다 53% 증가한 수치이다. 비슷한 시기에 시대의 흐름에 맞춰 온라인 판매가 시작됐고, 그 이후, 크리스티는 예술 분류나 기간보다는 주제를 중심으로 한 큐레이션 행사를 추진해왔다.

2006년 11월, 클림트의 명화 4점이 오랜 법정 투쟁 끝에 오스트리아로부터 유대인 상속자들에게 환원된 후 총 1억 9200만 달러에 팔렸다. 2017년 11월 15일에는 새롭게 발견된, 하지만 여전히 진품 논란이 있는 레오나르도 다 빈치의 '살바토르 문디'가 사상 최고가인 4억 5030만 달러_{구매자 프리미엄 포함}에 팔렸다.

챕터 1에서도 언급했지만, 비플의 NFT 작품이 6900만 달러에 팔렸는데, 이는 크리스티에서 2021년에 있었던 일이다.

• 갤러리스트 또는 아트 딜러

최초로 예술가의 대리인이 되거나 수익을 위해 미술 작품을 되팔려는 의도로 미술품을 사거나 구입한 사람이 정확하게 누구였는지는 지금도 알 수 없다. 하지만 이탈리아 르네상스 시대에 이미 컬렉터와 예술가 사이에서 중개자 역할을 하는 사람이 있었다고 한다. 지오반니 바티스타 델라 팔라Giovanni Battista della Palla, 그는 역사 책에서 이름을 볼 수 있는 최초의 국제 미술상 중 한 사람이었다.[23]

그러다 19세기 중반이 되어서야 지금의 갤러리 형태와 비슷한 구조가 나오기 시작했다. 그리고 그곳에는 시기 별로 중심이 되는 갤러리스트 또는 아트 딜러들이 있었다.

1. 폴 뒤랑 뤼엘 (Paul Durand-Ruel)

폴 뒤랑 뤼엘은 현대 갤러리스트의 시작이라고 볼 수 있다. 1831년 미술품 재료상을 하는 아버지에게서 태어난 뒤랑 뤼엘은 월급

---

23 Artsy.net, A Brief History of Art Dealing, Edward Winkleman and Patton Hindle, 2018. 12

르느와르, Paul Durand-Ruel
Oil on canvas, 65 x 54cm, 1910
@National Gallery, London

을 지급하고 개인전을 열어줌으로써 예술가들을 지원한 최초의 현대 미술 갤러리스트라고 일컬어진다.

1870년대 초부터 그는 인상파로 알려지게 된 당시 논란이 많았던 예술가 그룹을 지원하기 시작했고, 그들의 작품을 홍보하기 위해 많은 노력을 했다. 그는 프랑스-프로이센 전쟁 당시 런던에 머무는 동안 클로드 모네와 카미유 피사로를 만났고, 그들의 작품뿐만 아니라 동료 인상파 화가 에두아르 마네, 에드가 드가, 알프레드 시슬리, 폴 세잔, 베르트 모리조, 피에르-오귀스트 르누아르의 작품에도 매료되었다. 한때 폴 뒤랑 뤼엘은 마네에게서 3만 5천 프랑에 23점의 그림을 샀다.

이로 인해 파산의 위기에 몰리기도 했지만 그의 작품 구매는 젊은 인상파 화가들에게 큰 힘이 되었고, 공식적인 살롱전에서 입상을 해야만 유명해질 수 있다는 당시의 법칙이 더 이상 필요 없다는 사실을 확인시켜 주었다.[24]

1876년 뒤랑 뤼엘은 자신의 갤러리에서 인상파 전시회를 개최

---

24 아주 오랫동안 프랑스의 살롱전은 19세기 중후반까지 미술 작가들의 유일한 성공 수단이었다. 그리고 당시 깨진 법칙은 지금까지 이어져오고 있다. 이제는 150여 년 만에 그것이 다시 깨질 타이밍인데, 어쩌면 그것이 NFT의 등장일 수도 있겠다는 생각을 조심스레 해본다.

했고,[25] 1883년에는 베를린, 런던, 보스턴, 로테르담에서 인상파를 위한 전시회를 기획했지만 특별히 좋은 반응을 얻지는 못 했다.

그러나 1886년 뉴욕에서 열린 인상파 전시회에서는 큰 성공을 거두었다. 이때부터 인상파 미술이 미국에서 점점 더 대중화되고 중요한 컬렉션에 추가되기 시작하는데 어쩌면 이 전시회 덕택에 우리가 지금의 인상파 작품들을 볼 수 있는 것이 아닐까 생각한다.

이후에도 뒤랑 뤼엘은 계속해서 인상파 작품을 구입하고 그들의 예술을 홍보했다. 평생 동안 뒤랑 뤼엘은 인상파 미술에 수백만 프랑을 썼고, 400점의 드가와 시슬리 작품, 약 1000점의 모네 작품, 대략 1500점의 르누아르 작품, 그리고 800여 점의 피사로 작품을 포함하여 약 12,000점의 인상파 작품을 수집했다고 전해진다.

2. 앙브루아즈 볼라르 (Ambroise Vollard)

볼라르는 1866년 프랑스 식민지 라 레위니옹에서 태어나 몽펠

---

25 이 전시회는 1874년 살롱 낙선전과 함께 역사에 남는 전시이다.

리에와 파리에서 법학을 공부했다. 그는 곧 변호사로서의 야망을 포기하고 센느 강 부두에 늘어선 가판대에서 구입한 판화와 그림을 팔아 생계를 꾸리기 시작했다.

볼라르가 마네의 미망인에게서 그의 미완성 드로잉과 유화 작품들을 구입했다는 사실만으로도 뛰어난 안목과 감각을 보여주는 것이었다.

볼라르는 1894년 이 작품들을 전시하여 큰 찬사를 받았고, 그후 에드가 드가, 베르트 모리조, 피에르 오귀스트 르누아르, 폴 세잔을 소개받아 곧 이들과 가까운 관계를 유지하며 우정을 쌓았다.

특히 르누아르의 작품 수백 점을 구입하고 조각을 시도하도록 격려하기도 했다. 그는 또한 후기 인상파를 지원하는 데 많은 노력을 기울였다. 그중에서도 빈센트 반 고흐의 재능을 인정했고, 반 고흐 사후에 대중의 눈에 띄도록 전시회를 열어주었다. 그는 또한 폴 고갱의 첫 번째 주요 작품 전시회도 기획했었다.

볼라르는 신인 작가 발굴에도 탁월한 재능을 보였다. 피카소의 1901년 첫 번째 파리 개인전도 그의 기획이었다. 1904년에는 야수파의 앙리 마티스의 첫 개인전도 기획했다.

피카소, Portrait of Art Dealer Ambroise Vollard,
92 x 65cm, Oil on canvas, 1910
@ Pushkin Museum of Fine Art, Moscow

이렇게 그의 갤러리는 파리 아방가르드 예술의 중심지가 되었다.

3. 다니엘-헨리 칸바일러 (Daniel-Henry Kahnweiler)

볼라르가 피카소를 발견했다면, 피카소의 명성을 지금처럼 만들어준 사람은 다니엘-헨리 칸바일러Daniel-Henry Kahnweiler라고 할 수 있다. 칸바일러는 1907년 파리에 첫 갤러리 칸바일러 갤러리를 열면서 현대 미술에 발을 들여놓았다.

그는 평론가와 컬렉터일뿐 아니라 훌륭한 미술사 연구자였으며 그와 함께한 예술가들에게도 존경을 받았다.

또한 그는 조르주 브라크Georges Braque, 파블로 피카소Pablo Picasso, 후안 그리스Juan Gris와 같은 예술가들과 독점 계약을 체결한 최초의 미술 딜러였으며 그들의 작업에 대한 초기 이론가 중 한 사람이었다.

이 예술가들과 맺은 계약으로 인해 그는 제1차 세계 대전 이전 입체파 예술의 유일한 공급자가 되었다고 전해진다.

4. 페기 구겐하임 (Peggy Guggenheim)

전설적인 상속녀이자 예술 후원자인 페기 구겐하임은 1898년 스

- 뉴욕의 구겐하임 미술관
- • 페기 구겐하임과 잭슨 폴록

위스에서 광업으로 부를 축적한 이민자 가정에서 태어났다. 구겐하임은 어린 나이에 뉴욕 사교계의 일원이 되었으며 당시의 관습을 무시한 것으로 유명했다.

1920년대에 파리로 이주한 그녀는 마르셀 뒤샹, 만 레이Man Ray 등의 예술가들과 친구가 되었고 예술가 로렌스 베일Lawrence Vail과 결혼하여 두 자녀를 두었다. 구겐하임은 1938년 런던에 첫 번째 갤러리를 열어 장 콕토Jean Cocteau, 바실리 칸딘스키Wassily Kandinsky, 앙리 로렌스Henri Laurens, 막스 에른스트Max Ernst, 파블로 피카소의 작품을 전시했다.

구겐하임은 추상 표현주의에 점점 더 집중하기 시작했고 1942년에는 뉴욕에 금세기The Art of the Century 미술관을 열었다. 이곳은 잭슨 폴록Jackson Pollock, 마크 로스코Mark Rothko, 에드 라이하르트Ad Reinhardt, 한스 호프만Hans Hofmann, 그리고 윌렘 드 쿠닝Willem de Kooning 과 같은 많은 추상 표현주의 작가들이 그들의 경력을 시작하는데 매우 큰 역할을 했다.

또한 구겐하임은 피에트 몬드리안Piet Mondrian의 추천을 받아 잭슨 폴록을 발견했고 그가 첫 개인전을 열게 해주었다.

그 후 잭슨 폴록과 그의 아내 리 크레즈너Lee Krasner가 미술 작업에만 열중할 수 있도록 서포트 해준 일화는 유명하다.

현재 미술 애호가들이 뉴욕에 가면 꼭 들러야 하는 미술관 중 하나가 구겐하임 미술관인데, 이 미술관은 페기 구겐하임으로부터 시작되었다.

5. 리오 카스텔리 (Leo Castelli)
리오 카스텔리는 1960년대부터 뉴욕 아트 씬에서 가장 영향력 있는 아트 딜러 중 한 명이었다. 당시 그는 추상 표현주의를 넘어 다음 대세가 될 예술에 관심이 많았고, 그 중심이 되는 작가들을 선보였다.

그의 첫 번째 큰 영향은 추상 표현주의가 여전히 지배적인 시기에 등장했지만, 완전히 새로운 미지의 영역으로 분명히 이동하고 있던 팝아트의 시작이라고 볼 수 있는 재스퍼 존스Jasper Johns와 로버트 라우센버그Robert Rauschenberg와 같은 작가들의 전시를 시작한 거였다.

당시 MoMA 관장이었던 알프레드 바Alfred Barr는 레오 카스텔리 갤러리Leo Castelli Gallery에서 열린 재스퍼 존스의 전시 오프닝에 찾아와 3시간 동안 머물며 MoMA를 위한 작품 4점을 그 자리에서 샀다. 누군가는 이것이 추상 표현주의 시대의 종말이라고 이야기하기도 했다.

그 다음은 로이 리히텐슈타인Roy Lichtenstein, 앤디 워홀Andy Warhol, 도날드 저드Donald Judd, 프랭크 스텔라Frank Stella, 존 챔벌레인John Chamberlain, 클래스 올렌버그Claes Oldenburg, 제임스 로젠퀴스트James Rosenquist, 브루스 나우먼Bruce Nauman 그리고 리차드 세라Richard Serra 등 지금은 이름만 들어도 그 아우라에 고개를 숙일 수밖에 없는 대가들이 리오 카스텔리 갤러리에서 차례로 전시를 했고, 그들은 바로 미술사에 이름을 남겼다.

경력 후반에 카스텔리는 젊은 세대의 아트 딜러와 함께 일하고 멘토링을 시작했다. 그 중 한 명은 메리 분Mary Boone이었고, 그를 통해 줄리앙 슈나벨Julian Schnabel을 발견했다. 카스텔리와 메리 분은 슈나벨을 공동으로 서포트하기 시작했다.

또한 카스텔리는 래리 가고시안Larry Gagosian이 현재의 예술계 거물이 되기 전 경력 초기에 멘토링을 하기도 했다. 카스텔리는 가고시안의 1980년대 초 로스앤젤레스 갤러리 전시를 위해 예술가들을 소개해 주었으며, 결국 가고시안이 자신의 갤러리 제국(이

- 리오 카스텔리(왼쪽)와 앤디 워홀(오른쪽)
- 데미안 허스트 (Damien Hirst),
  The Physical Impossibility of Death in the Mind of Someone Living, 1991

라 부를 수 있을 만큼 현재 가장 영향력 있는 아트 딜러이므로)을 전 세계 16개 갤러리로 확장하는 것을 가능하게 한 모든 컬렉터들과도 연결해주었다.

6. 래리 가고시안 (Larry Gagosian)

그는 1980년 로스앤젤레스에 첫 번째 갤러리를 열었다. 그곳에서 카스텔리의 멘토링과 인맥 덕분에 장 미쉘 바스키아Jean-Michel Basquiat, 에릭 피슐Eric Fischl, 데이비드 살레David Salle 등 예술가들의 작품을 선보였다.

5년 후, 그는 뉴욕 첼시에 갤러리를 확장하기 시작했다. 또한 가고시안은 1996년에 영국 yBaYoung British Artist로 유명한 데미안 허스트Damien Hirst의 작품상어를 포름알데히드 탱크에 넣은 작품을 가지고 미국 첫 번째 전시회를 열었다.[26]

26 Artland, A History of Art Dealing, Shira Wolfe

NFT
ART

Chapter.5

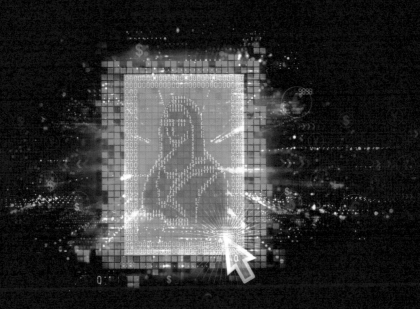

미래의
미술 시장

2017년부터 암호화폐 열풍이 불었고,
블록체인이 미래 기술이 될 것을 의심하는
사람은 많지 않았다.
2021년부터는 NFT가 세상에 갑자기
알려졌다. 그리고 코로나19 사태로 시장에
쏟아져 나온 자본이 메타버스와 NFT에
쏠리고 있다는 기사가 하루가 멀다 할
정도로 나오고 있다.
그렇다면 앞으로 미술 시장은 어떤
방향으로 흘러갈 것인가?

다시 한 번 챕터 1의 내용을 상기하며
위의 질문에 대한 답을 함께 생각해 보자.

MZ 세대가 주도하는 미래의 미술 시장

지금까지 미술사적인 고찰, 아트페어와 옥션, 사립 갤러리의 아트 딜러 등을 살펴보면서 어쩌면 전통적이라고 부를 수 있는 기존 미술 시장에 대해서 조금은 다른 방식으로 알아보았다. 누군가는 공감을 하지 않을 수도 있지만, 미술사의 흐름은 자본과 함께 간다고 해도 지나친 말이 아니다.

반 고흐의 그림을 보면서 감동을 하고, 피카소의 작품 앞에서 여러 생각을 할 수 있지만, 그것이 단지 힐링으로만 끝나지 않고, 여기에 더하여 부를 창출하기를 기대하게 되었다.

또, 심지어 죽은 상어가 미술 작품이 되는 시대를 지나왔다. 즉 그것들이 돈으로 값어치를 매길 수 있는 가치를 지니고 있다는 말이다. 만약 그들이 미술 시장에서 가치가 없었다면, 여기서 언급조차 되지 않았을 것이다.

2017년 말부터 젊은 사람들<small>지금은 MZ 세대란 말이 더 익숙한</small>은 짬짬이 시간을 내어 암호화폐의 시세를 스마트폰으로 보곤 했다.

2020년 주식 열풍이 불면서 너나 할 것 없이 스마트폰에 주식 앱을 설치했고, 마치 2017년도 말처럼 주식 시세를 보는 것이 조금 과장을 보태 국민 놀이가 되었다.

그리고 아직 대중화가 되지는 않았지만, 일부 유행에 민감한 사람들은 NFT 작품을 스마트폰으로 보면서 실제 구매를 하기도 하고, 그것으로 본인의 선도적 취향에 대해서 자기만족을 하며, 또 어떤 이는 그것을 과시하기도 한다.

암호화폐 거래, 주식 거래, 그리고 NFT 미술 작품의 거래는 닮은 점이 많다. 비교적 쉽게 접근할 수 있고, 이것이 긍정적이든 부정적이든 누군가는 마치 게임처럼 재미있게 생각하고 있다는 것이다.

심지어 그것으로 돈을 벌 수도 있기에 더 열광을 하는 것이 아닌가 싶다. 하지만 암호화폐와 주식, 그리고 NFT 작품의 차이점은 분명 존재한다. NFT 작품의 한계가 없는 것은 사실이지만, 기본적으로 NFT 작품의 대부분은 미술이란 큰 카테고리 안에 있다는 점이다.

암호화폐나 주식을 살 때, 많은 사람들이 공부가 필요하다고 한다. 물론, 그 공부가 곧 수익을 의미하는 것은 아니지만, 아는 만큼 더 많이 보이는 것은 어쩔 수 없을 것이다. 그것처럼 NFT 미술 작품을 거래할 때도 좋은 작품을 볼 수 있는 안목이 필요하다.

그래야 자신이 구매한 작품의 작가가 더 유명해지고, 그 작품 가격이 더 오를 것이기 때문이다. 더 나아가 2차, 3차 판매로까지 이어져 보다 많은 수익을 얻을 가능성도 높아진다.

그렇다면 안목을 기르는 과정에서 기존의 미술 작품을 보는 눈이 NFT 작품에도 그대로 적용될까? 아니면, 전혀 다른 새로운 시각이 필요할까?

• 미술을 보는 새로운 눈

사실 좋은 작품[27]을 찾는 능력은 하루아침에 얻을 수 있는 것은 아니다. 미술사를 공부해야 하고, 작품에 녹아든 철학에 대해서도

---

27 좋은 작품의 의미는 작품이 내용적으로 훌륭해서 미술사에 남을 만큼을 의미하기도 하지만, 미술 시장에서 반응이 좋은 작품이 될 수도 있다.

알아야 하고, 무엇보다 시각적 매력을 찾을 수 있는 감각도 있어야 한다.

미술에 대해서 공부를 하는 것은 어떻게 보면 굉장히 쉽다(?). 당장 도서관에 가서 곰브릿치의 〈서양 미술사〉를 읽든가 토니 고드프리의 〈개념 미술〉 책을 읽으면 된다. 하지만, 작품을 보는 감각은 어떻게 키워야 할까?

나는 우선 미술 작품을 많이 봐야 한다고 이야기한다. 그럼 어디서부터 시작해야 하나?

요즘 가장 좋은 방법은 때마다 있는 아트페어에 가는 것이다. 앞 챕터에서도 이야기했지만, 아트페어는 수많은 갤러리가 자신의 갤러리를 대표할 수 있는 작품을 추리고 추려서 출품한 작품들이 모여 있는 곳이다.

최소 수백 점이 넘는 작품들을 한 공간에서 볼 수 있기에 이것보다 쉽고 빠르게 많은 작품을 볼 수 있는 곳은 없다.

그렇게 아트페어에 몇 번 가다 보면 자연스럽게 자신도 모르는 사이에 미술의 트렌드를 알게 될 것이고 감각이 좋아져 있음을 깨닫게 될 것이다. 더 나아가서 본인의 취향이 생기기 시작할 것이다. 그 후에 발품을 팔아서 갤러리를 찾아가고, 현장에서 전시하고 있는 작품에 대해 큐레이터 또는 작가에게 직접 설명을 듣기 시작하면 어느 순간 이미 미술 세계에 빠져 있는 자신을 발견할 것이다.

그런데 요즘 바쁘지 않은 사람은 없다. 아트페어야 몇 달에 한 번씩 있기에 가능하겠지만, 서울에서만도 수많은 갤러리에서 수많은 전시회가 동시에 열리고 있는데 어떻게 그곳을 다 찾아갈 수 있겠는가?

다행히 앞서 이야기한 소더비, 크리스티뿐 아니라, 한국의 경매 회사인 케이 옥션이나 서울 옥션에서도 온라인 판매를 하고 있다. 그 회사의 취향에 맞게 큐레이팅 된 수많은 작품들을 스마트폰이나 컴퓨터로도 비교적 자주 쉽게 볼 수 있다. 그것만 해도 분명히 미술품을 보는 감각을 키우는 데 도움이 된다고 생각한다. 하지만 분명 이렇게 이야기하는 사람이 있을 것이다.

"작품은 실제로 봐야지 조그만 화면으로는 그 감정을 다 느낄 수 없다."

틀린 말은 아니다. 물리적인 캔버스에 유화 물감으로 그 질감까지 표현한 작품을 어떻게 6인치의 작은 화면에서 똑같이 느낄 수 있겠는가?

우리는 지금 메타버스 시대로 빠르게 가고 있다. 아날로그 시대, 아날로그와 디지털 시대, 그리고 디지털 시대만 겪은 세대들은 어떻게 각기 다른 생각을 할까?

아날로그를 경험한 세대들은 손으로 직접 만질 수 있는 것이 최고라고 생각할 수 있다. 그러나 이것을 조금만 과격하게 말하자면, 그렇게 학습이 되었기 때문이다. 그렇기에 물리적인 것만 인정할 수 있고, 화면으로 보이는 것은 단순히 디지털 안에서 재현되고 있다고 생각할 것이다.

하지만 태어날 때부터 인터넷이 일상이었고, 스마트폰이 있었던아직은 어린 젊은 세대들은 분명 다르게 이야기할 것이다. 그들은 LP나 CD로 음악을 듣는 것이 아니라, 당연히 스트리밍 서비스로 스마트 폰을 통해서 음악을 듣는다.

그들은 종이에 메모를 하는 것이 아니라, 당연히 스마트폰에 메모를 한다. 그들은 물리적인 금고보다 클라우드에 자료를 저장하는 것이 자연스럽다. 그들은 네이버 제페토나 로블록스에서 친구들과 어울리는 것에 너무나도 익숙하다.

이제는 유화 물감을 붓으로 캔버스에 그린 그림만 작품이 되는 세상이 아니다. 아이패드와 애플 펜슬을 이용해 그림을 그리고 인스타그램에 업로드하는 것이 더 이상 어색하지 않은 세상이다.

그러므로 유화 물감과 캔버스가 미술에서 절대적인 아우라를 가지고 있는 매체라고 생각하는 것은 구시대적 사고방식이다. 이 것을 단순하게 생각하면 동시대에 존재했던, 편하게 작업을 할 수 있었던 '미술 재료'일 뿐이다.

15세기 유화 물감이 처음 나왔을 때, 템페라화를 그리던 화가 들에게는 헤리티지가 없는 새로 나온 재료일 뿐이었다. 20세기 중반 아크릴 물감이 처음 나왔을 때, 유화 작업을 하던 화가들에 게는 무게감이 없고 시간을 품을 수 없는 새로 나온 재료일 뿐이 었다.

이러한 현상은 지금도 진행 중인데, 아이패드와 애플 펜슬이 나왔을 때, 물감으로 작업을 하던 작가들에게는 그것은 혼이 없 는 디지털 도구일 뿐이었다.

그렇다면 또 시간이 흘러서 디지털 작업이 옛 유산으로 취급되는 시대가 언젠가 오지 않을까?

이런 상황 속에서 NFT가 세상에 나왔다.

이것은 디지털 베이스에 스마트폰이나 컴퓨터로만 볼 수 있고, 해시 값으로 클라우드에 저장되어 있을 뿐이다. 이제는 시대 흐름에 맞게 캔버스가 클라우드로 대체된 것뿐이라고 생각하면 이해하기가 쉬울 것이다.

하지만 나는 미래의 메타버스 시대에는 스마트폰이나 오큘러스의 VR 기기 또는 아직 시중에 나오지 않았지만 애플이 개발 중인 AR과 VR이 통합된 애플 글래스조차 물리적인 도구일 뿐, 다른 무언가로 대체될 것이라고 생각한다.

테슬라의 일론 머스크가 연구 중인 뉴럴 링크가 그 대체품이 될 수 있을지는 그 누구도 모르겠지만 말이다.

다시, "작품은 실제로 봐야지 조그만 화면으로는 그 감정을 다 느낄 수 없다."는 얘기로 돌아와서, 2021년부터는 조그만 화면으로도 충분히 그 감정을 느낄 수 있는 시대라고 생각한다.

아트페어에 가고, 갤러리에서 직접 작품을 보는 것도 미술에 대한 감각을 키우는 데 나쁜 방법은 아니지만, 인스타그램 또는 핀터레스트에서 'Art'라고만 검색하면 셀 수 없을 정도의 수많은 작품들을 감상할 수 있다.

또한 알고리즘에 의해서 내 취향도 찾을 수 있을 것이다. 어쩌면 NFT의 시대에 들어선 지금은 이 방법이 미술 감각을 키우는 데 더 좋은 방법이 될 수도 있을 것이다.

• 미술에 대한 전망 그리고 아트테크

사실 2021년에 NFT가 등장하지 않았다면, 미술에 대해서 전망을 할 것이 있을까?란 생각부터 들었다. 물론, 새로운 사조가 나오고, 새로운 스타 작가의 등장은 있을 것이다.

하지만 거시적으로 몇 백 년 동안 보수적인 고급문화의 끝판왕이라 불려온 순수 미술에서는 어떤 변화가 있었을까?

19세기 중후반 인상주의가 미술사에서 첫 번째 큰 변화였다고 할 수 있다. 그와 동시에 아트 딜러의 존재감이 커졌다. 20세기 초반에는 뒤샹의 '샘'으로 미술의 내용과 매체의 확장이 있었고, 혹자는 이것을 미술사 최초의 패러다임 변화라고 이야기했다.

하지만 여전히 미술은 그들만의 리그였고, 슈퍼 리치의 컨트롤 안에 있었다.

이런 상황 속에서 2021년 초, IT업계에 종사하는 사람을 제외한 미술 작가와 기존 컬렉터, 그리고 대중에게 NFT는 그야말로 하늘에서 뚝 떨어진 기회가 되었다.

그리고 그것은 이 글을 쓰고 있는 시점을 기준으로 대략 8, 9개월 이전의 일이었을 뿐이다. 그런데 미술계 상황은 너무나도 달라졌다.

앞에서도 여러 번 이야기했지만, 금융 자본이 NFT 미술로 쏠리고 있다. 그렇기에 하이 리스크일 수도 있겠지만, 많은 크고 작은 기업들이 NFT 비즈니스를 이미 시작했거나 준비 중이라는 소식이다. 그리고 어느 정도 이름이 알려진 미술 작가들은 거의 전부라고 해도 과언이 아닐 정도로 NFT 작품을 준비 중이다.

심지어 트렌드에 앞선 학생들도 NFT 작품을 이미 해외 마켓에 올렸다는 이야기[28]를 종종 들을 수 있다. 또한 그동안 미술 작품을 컬렉팅하고 싶어도 작품 가격이 너무 비싸 꿈만 꾸었던 미래의 컬렉터들은 비교적 저렴하게 나온 유명 작가들의 NFT 작품을

---

28 그 결과- 즉, 본인의 NFT 작품이 판매가 되었든 되지 않았든- 에 대해서는 차치하고서라도

하나둘씩 사 모으고 있다는 이야기도 심심치 않게 들리고 있다. 최근 카카오 클립 드롭스에 나온 미스터 미상의 999개의 에디션 작품이 27분 만에 솔드 아웃되었다는 기사는 대표적인 예가 아닌가 싶다.

이런 상황에 대해 NFT에 대해 특히 비판적인 시각을 가진 사람들은 속된 말로 "개나 소나 어떤 방식으로든 NFT에 참여하고 있다."라고 이야기한다.

이런 현상들이 긍정적이든 부정적이든 어쨌든 지금 이 순간에도 일어나고 있다. 한때의 유행으로 끝날 가능성도 배제할 수 없지만, 이 모든 것은 시대의 흐름이고 거스를 수 없는 현실이라고 보는 것이 맞을 듯하다.

1. 미술의 대중화 시대

나는 NFT가 미술사 최초로 순수 미술의 대중화 시대를 열 수 있는 기폭제가 될 수 있다고 생각한다. 그동안 순수 미술은 단 한 번도 대중화가 된 적이 없다. 많은 미술 관계자뿐 아니라 미술 작가들도 대중화를 꿈꿔 왔지만, 그것은 절대 풀 수 없었던 문제였다. 그 이유는 심플하게 말하자면 돈 때문이었다.

미술 작품은 하나밖에 없기에 – 물론, 이것의 단편적인 해결책

카카오 클립 드롭스, 모바일

으로 판화 작품이 있었지만- 작품 가격이 상대적으로 비쌀 수밖에 없었다. 그렇기에 대중이 접근하기 어려웠고, 미술 작품의 구매자는 슈퍼 리치가 될 수밖에 없었다. 슈퍼 리치의 특성상 이 세상에 단 하나밖에 없는 작품을 원했고, 미술 작가들은 그들의 요구에 따라 점점 어렵거나 심지어 기괴하기까지 한 작품, 그러니까 우리가 흔히 '현대 미술은 어렵다'라고 말할 수밖에 없는 작품들을 내놓기 시작했다.

결과적으로 뒤샹의 '샘'은 그것의 시작이 되었다. 따라서 대중들의 순수 미술에 대한 관심은 멀어질 수밖에 없었고, 할 수 있는 것은 예술의 전당이나 국립 현대 미술관에서 관람을 하는 것이 전부였다.[29]

어려워진 작품에 따라 미술 이론가들은 오히려 미술 작품보다 더 이해하기 힘든 글을 쓰기 시작했다. 물론, 이 모든 것의 원인과 결과는 '닭이 먼저냐 달걀이 먼저냐?'란 말과 일맥상통한다고 볼 수 있다.

그렇기에 NFT 미술은 미술사적으로도 시장의 관점으로도 최초로 미술 대중화의 열쇠가 될 수 있을 것이다. 우선, 현시점에 NFT 작품은 기존의 물리적 미술 작품보다 가격이 저렴하다. 또

---

[29] 미술작가의 입장에서 미술의 소비자는 작품을 직접 구매하는 사람이지 관람객은 아니다.

한 분할 판매도 아주 수월하다.

에디션으로 오리지널 NFT 작품을 여러 개 만들 수도 있기에 가격을 또 낮출 수 있다. 그렇게 된다면 대중이 단지 관람만 하고 마는 것이 아니라 이제는 직접 구매도 할 수 있다는 것이다.

지금까지 미술 작품의 소비자는 비교적 연령대가 높았다. 일반적으로 나이가 들수록 경제적으로 안정되기 때문에 상대적으로 수입이 높은 기성세대의 미술 작품 구매율이 높았다. 하지만 미술 작품 가격이 낮아지고 대중화가 된다는 것은 달리 말해 소비자가 젊어진다는 것을 의미하기도 한다.

어떤 이들은 분명 부정적인 시각을 가질 수도 있겠지만, 그렇게 된다면 일부 슈퍼 리치보다 대중을 상대하는 미술 작품들이 많이 나올 것이다.[30]

그리고 그것이 당연한 시대가 올 것이다. 그렇다면 지금의 평가와는 다른 기준이 생길 것이다. 또한 평론도 달라질 수밖에 없

---

30 누군가는 '순수 미술과 대중 미술은 다르다'라고 이야기할 수도 있지만, 냉정하게 지금까지 대중 미술은 존재하지 않았다. '상업 디자인'은 조금 다르게 접근해야 한다. 미술 작가의 입장에서 미술의 소비자는 작품을 직접 구매하는 사람이지 관람객은 아니다.

을 것이다. 지금까지 어려운 철학 이론을 대입해서 어렵게만 풀어야만 했던 미술 이론도 대중 친화적으로 바뀔 것이다.

'Fine Art'라 불렸던 '순수 미술'이란 단어도 다른 단어로 대체될 것이다. 평가가 하향 평준화가 되는 것이 아니라 대중의 기준으로 바뀌는 것이다. 이것은 분명히 명심해야 한다.

그렇게 된다면 '현대 미술은 어렵다'란 말을 더 이상 하기 힘들지도 모른다. 미술의 소비자가 대중이 되었기 때문이다.

그렇다면, 이 책을 읽고 있는 독자들은 이런 상황에 대해 어떻게 대처하는 것이 현명할까?

2. 컬렉터 또는 대중

컬렉터는 크게 두 가지로 나눌 수 있다. 첫 번째는 순수하게 미술이 좋아 작품을 컬렉팅하는 부류가 있고, 두 번째는 투자의 목적으로 미술 작품을 컬렉팅하는 부류가 있을 것이다.

첫 번째는 사실 지금까지와 크게 달라질 것이 없다. 어떤 작가의 어떤 작품이 마음에 들어 구매를 했다면, NFT 작품도 지금처럼 구매를 하면 된다. 처음에 소개했던 NFT 플랫폼에 가서 작품을 보고 마음에 드는 작품을 구매하면 된다.

단지 내가 소유하고 있다는 개념이 지금까지와는 조금 다른 것이 사실인데, 이렇게 생각하면 좋을 것 같다. 요즘은 스마트폰으로 아이들 사진이나 반려견 또는 반려묘 사진을 많이 찍는다.

그리고 그것을 다시 볼 때 어떻게 보는가? 자신의 스마트폰으로 보지, 그것을 현상해서 액자에 넣어 자신의 책상에 올려놓거나 벽에 걸지 않는다. 물론, 그렇게 하는 사람들도 있지만, 그것은 분명 소수일 것이다.

그럼, 이제 NFT 작품을 소유하고 있다고 생각해 보자. 지금까지는 거실에 걸어 놓고 감상을 했지만, 이제는 스마트폰이나 컴퓨터 화면, 또는 TV로도 감상을 할 수 있다. 이것은 '작품을 소유하고 있는 것이 아니다'라고 말할 수 있을까? 인식을 전환하면 된다. 그리고 그것에 익숙해지면 된다.

그렇기에 미술이 좋아 작품을 컬렉팅하려면 지금처럼 작품을 구매하면 된다. 거기에 더해 NFT란 새로운 매체의 미술 작품이 나온 것이다. 새로운 예술 작품을 구매한다는 것, 컬렉터의 입장에서 얼마나 멋진 일인가?

두 번째, 투자의 목적, 재테크의 목적으로 미술 작품을 컬렉팅하는 구매자에게 NFT는 오히려 대단한 호재이다. 사실 기존의 물리적인 미술 작품을 투자해서 그것으로 수익을 내는 것은 쉽지 않았다.

젊은 신진 작가의 작품은 그 가격이 오르는 데 시간이 아주 많이 걸린다. 짧게는 5년, 보통 10년은 기다려야 한다. 거기에 리스크도 있다. 그 젊은 작가가 언제 어떠한 이유로 미술 작가 활동을 그만둘지 모르기 때문이다.

그래서 어떤 컬렉터는 자신만의 기준을 가지고 미술 작품을 컬렉팅한다고 한다.

내가 아는 어떤 컬렉터는 만 37세 이상의 미술 작가 작품만 컬렉팅을 한다고 한다. 그 이유는 만 37세란 나이는 미술 작가란 직업을 그만두기에 애매한 나이이기에 미술을 그만둘 확률이 떨어진다는 것이다.

나는 그 이야기를 듣고 그의 논리에 고개를 끄덕일 수밖에 없었다. 그렇기에 보통 투자의 목적을 가진 컬렉터는 이미 유명해진 블루칩 작가의 작품을 선호한다. 그렇게 하면 비교적 단기간에 수익을 낼 수 있는 것은 사실이다. 하지만 그 작품들은 이미 높은 가격대를 형성하고 있다. 이것은 초기 자본금이 많이 들어간다는 걸 뜻한다.

그런 의미에서 보면 NFT 작품은 기존의 미술 작품보다 비교적 저렴한 가격대를 형성하고 있다. 이미 유명한 작가들도 그렇고 NFT 세계에서 유명해진 작가들도 마찬가지이다. 초기 자본금이 적게 들어간다는 얘기다.

게다가 NFT 작품은 2차 판매가 기존의 작품들보다 훨씬 수월하다. 본인이 구매한 작품을 경매에 올릴 필요가 없이 NFT 거래 플랫폼에 간단하게 다시 올릴 수 있다. 마치 인스타그램에 사진을 업로드하는 것처럼 말이다. 게다가 아무래도 디지털 세계 안에서 존재하기에 그 흐름이 빠르다.

인기를 한번 얻은 미술 작가들의 작품은 비교적 빠른 시간에 다시 소비가 된다. 게다가 2차, 3차, n차 판매가 돼도 그 작품의 원작자에게 저작권 개념으로 일정 %로 수익이 돌아간다. 물론, 지금의 미술 시장에서도 추급권[31]이라고 하는 것이 유럽과 미국 일부 주에서는 적용되는 경우가 있기는 하다.

하지만 현재 거의 대부분의 NFT 거래 플랫폼은 당연히 이러한 법을 적용하고 있다.

이렇게 함으로써 컬렉터가 본의 아니게 미술 작품을 오로지 투자의 개념으로만 여겼었더라도 자신이 구매한 작품에 대해 최소한의 예의를 보여줄 수 있다. 이것은 투자자에게도 미술 작가에게도 바람직한 선순환 구조라고 생각한다.

그렇기에 미술 작품을 투자의 목적으로 구매한다면, NFT 미술은 충분히 투자할 가치가 있다고 할 수 있다. 물론, 초창기이기에 불확실성이 존재하는 것은 사실이지만, 하이 리스크 하이 리턴 아니겠는가?

또한 NFT 작품 가격은 실물 그림에 비해 비교적 낮게 형성된다. 따라서 그동안 작품을 구매하고 싶어도 높은 가격 때문에 힘

---

31 저작권 관련 대상물이 여러 번 옮겨져 누구에게 가 있더라도 이것을 추급하여 행사할 수 있는 권리. 미술 작품의 경우 재판매될 때마다 저작권자인 작가나, 작가 사후에는 그의 상속권자가 70년까지 판매액의 일정한 몫을 받을 수 있는 권리를 뜻한다. 이는 경매 시장이나 전문 중개상을 통할 경우만 해당되고 개인 간의 직접 거래나 개인이 공공 미술관에 판매할 경우에는 해당되지 않는다. 미술 작품에 추급권이 도입된 것은 작품 판매액에 따라 지속적으로 수입을 올릴 수 있는 소설가나 작곡가 등 다른 예술 분야와 달리 한 번 작품을 팔면 추가 수입을 기대할 수 없는 미술 작가의 특수성을 감안한 것이다. 한경 경제용어사전

들어했던 대중들에게 미술에 대한 접근성이 한층 더 좋아졌다. 망설일 필요가 이젠 없어졌다.

3. 미술 작가

미술 작가는 무조건 NFT 작품 작업을 하는 것을 나는 추천한다. 사실 기존 미술 작가들 중 디지털 작업에 익숙하지 않은 사람들도 있을 것이다. 공부를 해서라도 NFT 작업을 했으면 하는 개인적인 바람이 있지만, 그것은 그들의 의지이기에 강요를 할 수는 없다. 하지만 비교적 젊은 미술 작가들에게는 무조건 하라고 말하고 싶다.

미술 작가 입장에서 기존의 작품 외에 또 다른 NFT 작업을 하는 건 손해 볼 것이 단 하나도 없다. 일부 작가들은 NFT가 암호화폐와 뗄 수 없는 관계이고, 여기저기서 암호화폐는 사기가 아니냐라는 소리를 듣고 무서워하는데, 그것이 무섭다면 교통사고 사망률이 높은 우리나라에서 차는 어떻게 타고, 그보다 더 무서운 비행기는 어떻게 탈 수 있겠는가.

NFT 비즈니스 투자자들에게는 리스크가 따를 가능성도 분명 존재하지만, 미술 작가 입장에서는 그것조차 없다. 물론, '본인의 작품을 투자하는 것이 아니냐?'라고 얘기를 한다면, 그 작품이 사라지는 것도 아니고, 자신의 새로운 포트폴리오가 쌓이는 것인데 당연히 그 정도의 투자는 해야 하는 것이 아니냐고 반문하고 싶다.

다시 한 번 이야기하지만, 지금 NFT 상황은 마치 미국 서부 시대 상황과 닮아 있다. 무조건 서쪽으로 가야 한다.

4. 갤러리

NFT가 대세가 되고 있는 상황에서 기존 갤러리의 입장이 애매해지는 건 사실이다. 갤러리는 전시를 하고 작품들을 감상할 수 있는 곳이지만, 모든 갤러리는 사설이기에 첫 번째 존재 이유는 수익 창출이다. 갤러리는 미술관과 다르게 작품을 사고파는 곳이기 때문이다.

그런데 슈퍼레어, 오픈씨 그리고 한국의 카카오 클립 드롭스에서 이미 NFT 작품이 활발하게 거래되고 있을 뿐 아니라 현재 많은 NFT 거래 플랫폼이 준비 중에 있다. NFT 거래 플랫폼에서는 작품 감상이 보다 수월하고 판매가 쉬우며, 홍보도 비교적 용이하다고 할 수 있다.

　게다가 규모면에서도 몇몇 대형 갤러리를 제외하면 NFT 거래 플랫폼이 훨씬 크다. 또 나라에서도 미래산업으로 적극 투자 중인 메타버스와 NFT와의 연결고리도 가깝기에 소규모 사설 갤러리로서는 상대하기가 힘들다.

　예전 동네 서점들이 대형 서점 때문에 사라졌고, 그 대형 서점도 온라인 마켓에 의해 사라지는 추세와 비슷하다.

　이것은 어쩔 수 없는 시대의 흐름이다. 서점의 사례처럼 기존의 사설 갤러리도 결국엔 대형 갤러리를 제외하고는 머잖아 사라질 운명이라 생각한다.

　이미 몇몇 갤러리는 카카오 클립 드롭스 같은 NFT 거래 플랫폼과 미술 작가를 연결해 주는 소싱 역할을 하고 있다고 한다. 그리고 그 수수료를 나눠 갖는 형식으로 살아갈 길을 모색하고 있다.

　그러나 여기서 잠깐, 개인적으로 이런 방식을 통해 NFT 거래 플랫폼에 들어가는 미술 작가들이 알아야 할 것이 있다. 미술 작가 입장에서 NFT가 좋은 이유 중 하나가 작품이 판매되었을 때

수익 배분이 기존의 5대5 비율이 아니라 9대1 또는 8대2 정도로 이루어진다는 점이다. 물론, 미술 작가가 9 또는 8의 비율이다.

그런데 갤러리의 소싱을 통해 NFT 플랫폼에서 작품이 거래됐을 때는 그 비율이 기존의 5대5와 크게 다르지 않다.

갤러리 입장에서는 미래를 대비한 현명한 선택이지만, 그 방법이 미술 작가 입장에서는 과연 현명한 것인지 모르겠다. 결국, 그 선택은 작가 본인의 몫이다.

• 암호화폐와 NFT, 그리고 NFT 거래 플랫폼

시대의 흐름이 디지털로 가고 있음에도 불구하고 미술이란 장르는 지금까지 물리적 작품에서 벗어나지 못했다. 물론, 디지털 작품은 2000년대 초반 인터넷의 대중화와 함께 반짝했지만, 복제가 쉽다는 것 때문에 그 가치를 인정받지 못하고 쇠퇴하는 분위기였다.

하지만 암호화폐가 이 세상에 나왔고, 이를 통해 블록체인의 중요성을 인지했으며, 그 기술로 NFT가 혜성처럼 등장했다.

NFT는 암호화폐를 인정할 수밖에 없는 가치 대상이 되고 있고 이것은 현재진행형이다.

현재 대부분의 NFT 거래 플랫폼에서는 암호화폐 중 이더리움으로 작품을 사고팔고 있다. 물론, 다른 암호화폐 또는 신용 카드로 결제를 할 수 있는 곳도 있지만, 대세는 이더리움이란 암호화폐이다. 게다가 암호화폐와 NFT는 블록체인 기술을 기반으로 시스템이 작동한다.

그렇기에 암호화폐와 NFT, 그리고 NFT 거래 플랫폼의 관계는 마치 블록체인처럼 얽혀 있다. 그래서 NFT에 대해 관심이 있다면 암호화폐에 대해서도 어느 정도 시스템 운영 원리에 대해서 알고 있어야 한다.

물론, 지금은 변동성이 큰 암호화폐를 재산 증식 수단으로만 생각할 수 있는데, 사실 암호화폐는 NFT처럼 가치 대상이 있을 때 더 빛을 낼 수 있다.

조금 과장해서 말하면 암호화폐는 미래의 NFT와 메타버스를 위해 존재해왔고, 비판을 받아왔으며, 인내의 시간을 가졌는지도 모른다.

그러나 모든 사람들이 암호화폐와 NFT에 대해 긍정적이지만은 않다. 대표적인 NFT의 부정적인 시선 중 하나는 이더리움이라는 변동성이 심한 암호화폐로 결제를 하는 것은 정당성을 부여 받기 힘들다는 것이다.

그러나 암호화폐의 변동성에 대한 시각을 이렇게 다른 각도에서 생각해보면 어떨까? 지금의 화폐도 나라마다 다르다. 그리고 그 환율에 따라서 같은 제품도 가격 차이가 존재한다. 하지만 대개 환율의 폭보다 암호화폐의 변동 폭이 훨씬 크기에 화폐로서의 가치가 없다고 여기는 것 같다.

지금 우리가 사용하고 있는 화폐, 그러니까 한국에서는 원, 미국에서는 달러, 영국에서는 파운드 등도 역사가 오래 되긴 했지만, 처음 나왔을 때는 모두가 불안정했었고, 시간이 지나고 나름 체계가 생기면서 안정이 된 것이 아니겠는가.

그렇다면 암호화폐의 대표라고 할 수 있는 비트코인, 이더리움은 세상에 존재한 지 얼마나 됐을까? 이제 10년도 안 된 아직 신생아라고 볼 수 있다. 게다가 각 나라의 화폐가 지금처럼 믿음을 주고 있는 이유는 중앙 집권적이라 관리가 용이하고 강제성을 띠기 때문이다.

한번, 비트코인의 시작을 생각해 보자. 중앙 집권화된 금융 시스템의 폐해를 극복하기 위해 탈 중앙화를 외치고 이 세상에 나온 것이 암호화폐이다. 물론, 아직도 그 체계가 잡히지 않아 불안감을 주기는 하지만, 지금은 그것을 극복하려는 법안들이 하나둘씩 나오고 있다.

우리나라도 2022년부터는 암호화폐를 현금화할 때 세금을 부여하는 법이 통과되었다. 게다가 IT업계 사람들은 한결같이 암호화폐의 미래를 긍정적으로 점치고 있다.

특히 테슬라의 일론 머스크, 페이스북의 마크 저커버그, 그리고 트위터의 잭 도시 같은 IT업계의 공룡 CEO들은 그 대표적인 예라고 할 수 있다. 물론, 그들의 의견이 모든 것을 보장할 수는 없겠지만, 그들의 예측이 암호화폐의 금융적 가치에 신뢰를 더하는 것 또한 틀림없다.

그리고 지금까지 그들이 보여준 선구안을 우리는 무시할 수 없기에 더 귀 기울여볼 만한 것이 아니겠는가.

앞서 미술 작가라면 이제 서쪽으로 가라고 이야기했다. 그렇다면 미술 작가가 아니더라도 이 글을 읽는 독자라면 미래를 어떻게 준비해야 할까?

"서쪽 행 열차 티켓을 빨리 구매하세요."

Epilogue

여기까지 왔다면, 이미 서쪽 행 티켓은 구매한 것이다. 이제는 기차 안에서 스마트폰 스트리밍으로 음악을 들으면서 편하게 마무리를 하자. 물론, 지금까지 썼던 글과 '기차'라는 단어는 다소 안 어울리기는 하지만 과거, 그리고 현재와 함께 미래를 향해 나아간다고 생각하면 제법 그럴듯한 비유라는 생각도 든다.

40여 년 전, 퍼스널 컴퓨터가 나오기 시작하면서 애플의 스티브 잡스와 마이크로소프트의 빌 게이츠란 IT 스타가 세상을 이끌었다. 20여 년 전, 인터넷이 대중화되고, 페이스북의 마크 저커버그와 트위터의 잭 도시란 또 다른 젊은 IT 스타가 그다음 세상을 이끌었다. 그리고 10여 년 전, 단순히 휴대폰 문자를 대신하는 메신저 앱으로 사업을 시작한 카카오는 이제 대한민국을 대표하는 대기업이 되었다.

세상의 변화는 언제부터인가 이렇게 IT 중심으로 흘러가고 있다. 그렇다면 지금부터 다음 10년은 그 누가, 그 어떤 것이 세상을 이끄는 리더가 될까?

다행히 지금은 그것을 어느 정도 예상할 수 있는 시대이다. 아마도 그것은 메타버스일 것이다. 암호화폐의 등장으로 블록체인 기술의 중요성을 깨달았고, 그것들의 가치를 NFT로 증명하고 있는 중이다. 그리고 메타버스의 특성상, 모든 것이 NFT화되어야 그 가치를 인정받을 수 있을 것이다.

미술인으로서 다행인지 모르겠지만 NFT는 미술 작품으로 그 시작을 알렸다.

미술은 영어로 'Art'이다. 아트는 또한 예술을 의미한다. 그렇다면 미술은 모든 예술을 의미하는 것일까?

이제 뒤샹의 '샘' 이후, 그 어떤 것도 예술이 될 수 있는 시대가 되었다. 대략 100년 전이다. 아직도 캔버스에 유화 물감으로 두

껍게 아름다운 풍경을 그려야 미술이라고 생각하는 사람들이 많지만, 이미 100년 전부터 일상 속 모든 것은 미술이 될 수 있었다. 컬러풀한 아크릴 박스들은 미니멀리즘의 대표작이 되었고, 실제 의자와 의자 사진 그리고 의자의 사전적 정의를 쓴 종이는 개념 미술의 대표작이 되었다.

대형 건물 또는 강물을 포장하는 것은 대지 미술의 상징이 되었고, 마치 살아 있는 듯 보이는 상어 박제도 90년대 대표적인 미술 작품이다. 이제는 80년대 오래된 게임처럼 보이는 픽셀도 미술이 되었고, 귀여운 고양이 캐릭터도 비싸게 거래되는 대표적인 미술 작품이다.

아이들이 수집했던 그 옛날 NBA 농구 카드는 NFT라는 기술로 새로운 미술의 상징이 되었다. MMORPG는 메타버스의 전신이고 그곳에서만 사용되던 아이템은 NFT화되어 가치가 있는 미술 작품이 되어 가고 있다.

제페토 안에 명품숍이 생기고 아이돌 가수들은 그 곳에서 라이브 공연을 하고 있다. 이제는 이런 광경이 더 이상 낯선 풍경이 아

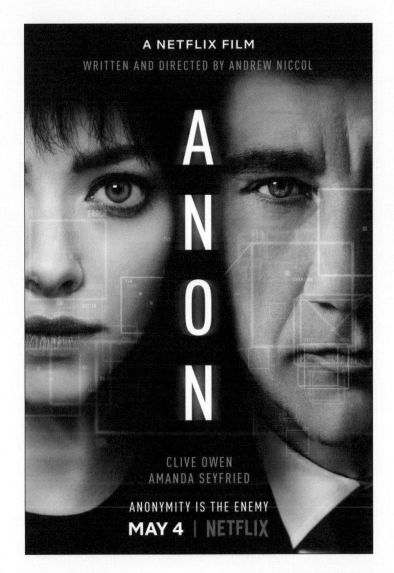

ANON 영화 포스터

닐 것이다. 이것을 예술이란 단어 말고 어떤 단어로 표현할 수 있을까?

몇 년 전 넷플릭스 오리지널 영화 '아논'이 있었다. 영화 속에서 주인공들은 더 이상 스마트폰이나 컴퓨터를 사용하지 않는다. 그들은 머릿속에서 전화를 받고, 자료를 검색한다. 그 상황 속에서 해킹이 일어나고 사건이 발생한다. 이 영화는 극적인 효과를 위해 디스토피아적으로 해석을 했지만, 우리의 미래는 영화의 색감처럼 마냥 어둡지는 않을 것이다.

블록체인 기술은 이 해킹을 막을 수도 있다. 진실을 숨길 방을 마련하지 않기 때문이다. 게다가 미시적으로 인간의 실수로 세계대전 같은 재앙이 있기는 했지만, 거시적으로 인간은 언제나 긍정적인 방향으로 진보했기 때문에 이 또한 극복될 것이다.

결국, 영화 '아논'처럼 미래에는 물리적 기기가 없어도 전화, 인터넷, 심지어 예술 활동을 할 수 있는 시대가 올 것이다. 그 시작이 NFT와 메타버스임은 분명하다. 우리가 지금 이 변화 속, 한 가운데에 있다는 것은 어쩌면 행운이 아닐까?

암호화폐와 블록체인, 그리고 NFT 미술 작품으로 시작된 지금의
현상은 분명 진보된 미래를 우리에게 선물해 줄 것이다.

　모든 것에 익숙해져 감흥이 사라지고 코로나19로 지쳐 있을
때쯤 우리에게 다가온 NFT, 그리고 메타버스와 함께하는 미래
를 상상하니, 오랜만에 마치 20대처럼 가슴이 뛰고 있음이 느껴
졌다.

"아직도 서쪽 행 열차 티켓을 구매하지 않으셨나요?"